T0209020

essentials

essentials liefern aktuelles Wissen in konzentrierter Form. Die Essenz dessen, worauf es als „State-of-the-Art" in der gegenwärtigen Fachdiskussion oder in der Praxis ankommt. *essentials* informieren schnell, unkompliziert und verständlich

- als Einführung in ein aktuelles Thema aus Ihrem Fachgebiet
- als Einstieg in ein für Sie noch unbekanntes Themenfeld
- als Einblick, um zum Thema mitreden zu können

Die Bücher in elektronischer und gedruckter Form bringen das Expertenwissen von Springer-Fachautoren kompakt zur Darstellung. Sie sind besonders für die Nutzung als eBook auf Tablet-PCs, eBook-Readern und Smartphones geeignet. *essentials:* Wissensbausteine aus den Wirtschafts-, Sozial- und Geisteswissenschaften, aus Technik und Naturwissenschaften sowie aus Medizin, Psychologie und Gesundheitsberufen. Von renommierten Autoren aller Springer-Verlagsmarken.

Weitere Bände in der Reihe http://www.springer.com/series/13088

Jana Brauweiler · Anke Zenker-Hoffmann
Markus Will

Umweltmanagement-systeme nach ISO 14001

Grundwissen für Praktiker

2., vollständig überarbeitete und ergänzte Auflage

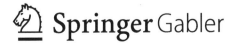 Springer Gabler

Jana Brauweiler
Fakultät Natur- und
Umweltwissenschaften, Hochschule
Zittau/Görlitz
Zittau, Deutschland

Markus Will
Fakultät Natur- und
Umweltwissenschaften, Hochschule
Zittau/Görlitz
Zittau, Deutschland

Anke Zenker-Hoffmann
Fakultät Natur- und
Umweltwissenschaften, Hochschule
Zittau/Görlitz
Zittau, Deutschland

ISSN 2197-6708   ISSN 2197-6716   (electronic)
essentials
ISBN 978-3-658-20274-3   ISBN 978-3-658-20275-0   (eBook)
https://doi.org/10.1007/978-3-658-20275-0

Die Deutsche Nationalbibliothek verzeichnet diese Publikation in der Deutschen Nationalbibliografie; detaillierte bibliografische Daten sind im Internet über http://dnb.d-nb.de abrufbar.

Springer Gabler

Gedruckt auf säurefreiem und chlorfrei gebleichtem Papier

Springer Gabler ist Teil von Springer Nature
Die eingetragene Gesellschaft ist Springer Fachmedien Wiesbaden GmbH
Die Anschrift der Gesellschaft ist: Abraham-Lincoln-Str. 46, 65189 Wiesbaden, Germany

Was Sie in diesem *essential* finden können

- Eine kompakte Erläuterung der High Level Structure für Managementsysteme.
- Eine detaillierte Beschreibung jeder einzelnen Normanforderung der DIN EN ISO 14001:2015.
- Eine Interpretation der Normanforderungen aus Sicht von Auditoren und Praktikern.
- Konkrete Umsetzungshinweise zur Erfüllung der Normanforderungen im Unternehmen mittels Formblättern und Beispielen.

Vorwort

Dieses *essential* ist eine völlig überarbeitete Auflage der 1. Auflage des *essentials* „Umweltmanagementsysteme nach ISO 14001 – Grundwissen für Praktiker" aus dem Jahr 2015. Die Überarbeitung ist erforderlich geworden, da die ISO 14001 im Jahr 2015 im Rahmen ihrer Revision an die High Level Structure (HLS) für Managementsysteme angepasst wurde. Durch die Revision ergaben sich einige neue und geschärfte Anforderungen an ein Umweltmanagementsystem. Das *essential* erläutert diese in kompakter Form und gibt anhand praktischer Beispiele Hinweise und Hilfestellung für die Entwicklung eines UMS in Organisationen. Der Begriff Organisation ist ein Oberbegriff der Norm für Unternehmen, Konzerne, Firmen, Behörden, Wohltätigkeitsorganisationen und ähnliches, unabhängig von den Eigentumsverhältnissen. Das *essential* wurde von Wissenschaftlern geschrieben, die langjährige Beratererfahrungen bei der Einführung und Auditierung von UMS in Organisationen unterschiedlicher Branchen haben. Die enthaltenen Formblätter und Beispiele ermöglichen einen direkten Einsatz in der betrieblichen Praxis.

Leitfaden für den Leser

Dieses *essential* eignet sich für unterschiedliche Lesetypen und persönliche Zeitbudgets. Hier unsere Empfehlungen:

- Sie haben wenig Zeit oder kennen sich bereits mit der Thematik aus und möchten sich schnell einen Überblick verschaffen? Dann blättern Sie durch und konzentrieren sich auf die enthaltenen Formblätter und Tabellen. Bestimmt finden Sie Stellen, die Sie besonders interessieren und in die Sie sich vielleicht ein anderes Mal vertiefen wollen. **Lektürezeit: etwa 15 min.**
- Sie haben etwas mehr Zeit zur Verfügung und möchten wissen, welche Aspekte zu UMS in diesem Buch angesprochen werden? Dann lesen Sie die Einleitungen der Hauptkapitel und die am Anfang der Kapitel stehenden Erläuterungen zu den Normanforderungen der ISO 14001:2015. **Lektürezeit: etwa 45 min.**
- Sie wollen dieses *essential* als Einstieg in das Thema oder als Auffrischung nutzen? Dann laden wir Sie ein, die Texte gründlich zu lesen und sich ggf. Notizen zu machen oder ihren Vortrag oder ihre Präsentation nebenbei zu beginnen. Vielleicht finden Sie in unseren Literaturempfehlungen auch Publikationen, mit denen Sie einzelne Aspekte vertiefen können. **Lektürezeit: mindestens 3 h.**

Inhaltsverzeichnis

Über die Autoren

Prof. Dr. Jana **Brauweiler** Professur für Integrierte Managementsysteme, Fakultät Natur- und Umweltwissenschaften, Hochschule Zittau/Görlitz, Theodor-Körner-Allee 16, 02763 Zittau, j.brauweiler@hszg.de

Markus Will Dipl.-Ing. (FH) Mitarbeiter im Studiengang „Ökologie und Umweltschutz" und an der Professur Integrierte Managementsysteme, Fakultät Natur- und Umweltwissenschaften Hochschule Zittau/Görlitz, Theodor-Körner-Allee 16, 02763 Zittau sowie Geschäftsführer beim Institut für Nachhaltigkeitsanalytik und -management UG, m.will@hszg.de

Anke Zenker-Hoffmann Diplom-Kauffrau/Referentin für Umweltschutzmanagement, wissenschaftliche Mitarbeiterin im Bereich umweltorientierte Unternehmensführung, Fakultät Natur- und Umweltwissenschaften, Hochschule Zittau/Görlitz, Theodor-Körner-Allee 16, 02763 Zittau, a.zenker-hoffmann@hszg.de

Managementsysteme nach der High Level Structure

Aufgabe von Managementsystemen ist es, durch planvoll gesteuerte Ziele, Maßnahmen, Organisationsstrukturen und Prozessabläufe die Zielstellungen einer Organisation zu erreichen. Ein Umweltmanagementsystem (UMS) soll dazu dienen, die notwendigen Voraussetzungen zu schaffen, um die Umweltleistung einer Organisation kontinuierlich zu verbessen bzw. dessen Umweltauswirkungen zu reduzieren. Hierfür werden im Rahmen eines UMS Umweltziele, Organisationsstrukturen, Verantwortlichkeiten, Praktiken, Verfahren, Prozesse und Ressourcen festgelegt. Basis ist, wie bei allen anderen Managementsystemen auch, die prozessbezogene Managementdefinition von William Edwards Deming. Sie beschreibt Management als einen kontinuierlichen Verbesserungsprozess, realisiert durch einen Zyklus von:

- Planung (Plan): Festlegung von Zielen und Maßnahmen zur Erzielung von Ergebnissen in Übereinstimmung mit der definierten Umweltpolitik. Dieser Phase voraus geht eine Analyse der Kontextes und der Stakeholder der Organisation, der umweltbezogenen Risiken und Chancen, die Definition von Umweltaspekten und rechtlichen und sonstigen Anforderungen.
- Ausführung (Do): Verwirklichung der Festlegungen aus der Planungsphase in der Ablauf- und Aufbauorganisation, bei Schulungen, der Information/Kommunikation, Dokumentation, den Prozessen sowie hinsichtlich der Notfallvorsorge.
- Überprüfung (Check): Überwachung der Umsetzung der Anforderungen des UMS und Messung ihrer Zweckmäßigkeit unter Berücksichtigung der Festlegungen der Umweltpolitik, der definierten Ziele sowie der rechtlichen Verpflichtungen und anderen Anforderungen.
- Verbesserung (Act): Ergreifen von Maßnahmen zur kontinuierlichen Weiterentwicklung des UMS.

© Springer Fachmedien Wiesbaden 2018
J. Brauweiler et al., *Umweltmanagementsysteme nach ISO 14001*,
essentials, https://doi.org/10.1007/978-3-658-20275-0_1

Seit dem Jahr 2012 werden die Anforderungen für durch ISO-Normen geregelte Managementsysteme nach der sog. High Level Structure (HLS) in 10 Abschnitte strukturiert. Während die Kap. 1–3 einführend sind, werden die inhaltlichen Anforderungen an ein Managementsystem unter Berücksichtigung des plan-do-check-act-Zyklusses in den Kap. 4–10 beschrieben (vgl. Abb. 1.1).

Neben der Struktur umfasst die HSL für jede Anforderung einen Basistext, der Aussagen enthält, die für jedes Managementsystem relevant sind. Die HLS kann damit als ein ISO-Leitfaden zur Erstellung neuer Managementsystem-Standards verstanden werden. Wird eine ISO-Norm gemäß der HLS entwickelt oder revidiert, so können in die Struktur neue Unterabschnitte, disziplinspezifische Texte und Definitionen eingebracht werden. Eine Änderung der 10 Abschnittsnummern und –titel sowie der Standardtexte und Kerndefinitionen ist gemäß der ISO-Regularien nicht erlaubt.

Für Organisationen wird der Umgang mit ihren Managementsystemen durch die einheitliche Struktur nach HLS vereinfacht, weil sie sich nicht bei jedem neuen Managementsystem in eine andere Struktur und Sprachweise eindenken müssen. Zudem wird dadurch auch das Potenzial für die Integration der Managementsysteme und die Vermeidung von Doppelarbeiten erhöht.

PLAN			DO		CHECK	ACT

1 Anwendungs-bereich	4 Kontext der Organisation	5 Führung	6 Planung	7 Unterstützung	8 Betrieb	9 Bewertung der Leistung	10 Verbesserung
2 Normative Verweisungen	4.1 Verstehen der Organisation und ihres Kontextes	5.1 Führung und Verpflichtung	6.1 Maßnahmen zum Umgang mit Risiken und Chancen	7.1 Ressourcen	8.1 Betriebliche Planung und Steuerung	9.1 Überwachung, Messung, Analyse und Bewertung	10.1 Allgemeines
3 Begriffe	4.2 Verstehen der Erfordernisse und Erwartungen interessierter Parteien	5.2 Politik	6.2 xxx Ziele und Planung zu deren Erreichung	7.2 Kompetenz		9.2 Internes Audit	10.1 Nichtkonformität und Korrekturmaßnahmen
	4.3 Festlegen des Anwendungsbereichs des xxx Managementsystems	5.3 Rollen, Verantwortlichkeiten und Befugnisse in der Organisation		7.3 Bewusstsein		9.2.1 Allgemeines	10.2 Fortlaufende Verbesserung
	4.4 xxx Managementsystem			7.4 Kommunikation		9.2.2 Internes Auditprogramm	
				7.5 Dokumentierte Information		9.3 Managementbewertung	
				7.5.1 Allgemeines			
				7.5.2 Erstellen und Aktualisieren			
				7.5.3 Lenkung dokumentierter Information			

xxx Platzhalter für das jeweilige Managementsystem

Abb. 1.1 Grundstruktur der HLS

Die ISO 14001 wurde in den Jahren 2012–2015 revidiert, auf die HLS umgestellt und im September als ISO 14001:2015 verabschiedet. Abb. 2.1 zeigt den Aufbau eines UMS gemäß ISO 14001:2015 nach HLS.

Gemäß der HLS wurden in die ISO 14001:2015 völlig neue Anforderungen in die Norm aufgenommen. Dazu zählen eine Betrachtung der:

- internen und externen Themen (Abschn. 4.1)
- interessierten Parteien (Abschn. 4.2)
- Risiken und Chancen (Abschn. 6.1.1)

Außerdem wurden vorhandene Anforderungen geschärft, wie z. B.:

- die Aufgaben der Führung (Kap. 5)
- die Betonung des Lebensweggedankens bei der Betrachtung der Umweltaspekte (Abschn. 6.1.2)
- der Nachweis der Verbesserung der Umweltleistung mittels Kennzahlen (Abschn. 9.1)
- die externe Kommunikation (Abschn. 7.4)

Weiterhin wurden neue Begriffe eingeführt und dadurch eine sprachliche Vereinfachung vorgenommen:

- Es erfolgt keine Unterscheidung mehr zwischen Dokumenten und Aufzeichnungen, sondern es wird von „dokumentierten Informationen" gesprochen.
- Die „Rechtlichen und anderen Anforderungen" werden als „Bindende Verpflichtungen" bezeichnet.

© Springer Fachmedien Wiesbaden 2018

J. Brauweiler et al., *Umweltmanagementsysteme nach ISO 14001*,

essentials, https://doi.org/10.1007/978-3-658-20275-0_2

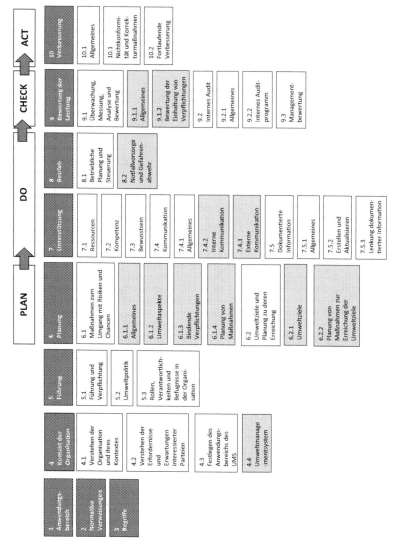

Abb. 2.1 Struktur der ISO 14001:2015 auf Basis der HLS. (grau unterlegt: Ergänzungen der ISO 14001 zur HLS)

Insgesamt enthält die ISO 14001:2015 – wie jede andere Managementsystem-norm auch – ausschließlich Mindestanforderungen für Aufbau und Gestaltung eines UMS. Es werden keine konkreten Anforderungen bzgl. der tatsächlichen Reduzierung der Umweltauswirkungen oder für die umweltorientierte Organisationsstruktur, Prozessabläufe bzw. Leistung der Organisation festgelegt. Auch spezifiziert sie keine Instrumente oder Methoden für die Umsetzung der Normanforderungen in der Praxis. Die Effektivität und Effizienz des UMS hängt demnach von der konkreten Ausgestaltung der Anforderungen durch die Organisation ab. Unterstützend wirken weitere Leitfäden der ISO 14000er Familie, auf die im Text verwiesen wird.

Unter Berücksichtigung der Erfahrung der Autoren in Forschung, Lehre und Beratung und auf Grundlage der Hinweise der ISO 14004, werden die Normanforderungen der ISO 14001 wie folgt erläutert.

Anforderungen der Norm
Die Aussagen der ISO-Normen sind nicht immer gleich nachzuvollziehen. Deshalb werden in diesem Abschnitt die Anforderungen der ISO 14001:2015 prägnant und in möglichst verständlicher Sprache wiedergegeben. Es wird erläutert, worin die Anforderung konkret besteht und ob die Erfüllung der Anforderung in Form einer „dokumentierten Information" bzw. „internen und/oder externen Kommunikation" nachgewiesen werden muss.

Was soll damit erreicht werden?
Hier interpretieren wir den Zweck der Normanforderung und machen diese verständlich. Wir stützen uns neben eigenen Erfahrungswissen im Schwerpunkt auf die ISO 14004:2016: Allgemeine Leitlinien zur Verwirklichung sowie die Interpretation der revidierten ISO 14001 durch DNV GL: ISO 14001:2015: Umweltmanagementsysteme – Anforderungen, Leitfaden, Version 12.08.2015.

Hilfestellungen für die Umsetzung in der Praxis
Hier finden Sie Tipps für die Umsetzung der Normanforderung in der Praxis. Die erforderlichen Umsetzungsschritte und Lösungsansätze werden anhand von Formblättern und Beispielen aufgezeigt. Sofern nicht anders angegeben basieren diese auf eigenen Quellen.

Die nachfolgenden Kapitelüberschriften dieses *essentials* entsprechen denen der ISO 14001:2015, um Ihnen eine leichtere Orientierung zu ermöglichen.

© Springer Fachmedien Wiesbaden 2018   9
J. Brauweiler et al., *Umweltmanagementsysteme nach ISO 14001*,
essentials, https://doi.org/10.1007/978-3-658-20275-0_3

Aus Gründen der Komplexitätsreduzierung fokussiert das *essential* auf die Einführung bzw. Weiterentwicklung eines UMS, ohne dabei zu berücksichtigen, dass in den Organisationen vermutlich schon ein Qualitäts- oder anderes Managementsystem vorhanden ist. Auf Integrationspotenziale oder Zielkonflikte zu anderen Managementsystemen wird daher in der Regel nicht eingegangen.

Den Kontext der Organisation bestimmen

4

Kap. 4 ist komplett neu in die ISO 14001:2015 eingefügt worden. Damit wird das Ziel verfolgt, dass sich die Organisationen bei der Entwicklung ihres UMS auch und zunächst mit dem Umfeld beschäftigen muss, in das sie eingebettet sind. Die Betrachtung des internen und externen Umfelds sowie der dazugehörigen Stakeholder ist die Voraussetzung dafür, um den Anwendungs-. bzw. Geltungsbereich des UMS festzulegen. Kap. 4 der Norm umfasst folgende Anforderungen:

- Verstehen der Organisation und ihres Kontextes (Abschn. 4.1)
- Verstehen der Erfordernisse und Erwartungen der interessierten Parteien (Abschn. 4.2)
- Festlegen des Geltungsbereiches des UMS (Abschn. 4.3)

4.1 Verstehen des Kontextes

Anforderungen der Norm
Die Organisation muss die internen und externen Themen bestimmen, die für das UMS relevant sind. Dies umfasst politisch-rechtliche, ökologische, sozial-kulturelle, technologische und ökonomische Themen.

Was soll damit erreicht werden?
Der Interpretationsspielraum dieser Anforderung ist relativ groß. Es können folgende Perspektiven unterschieden werden:

1. Auswirkungen des Umfeldes auf die Organisation:
   - Unternehmerisches Handeln muss in Zeiten eines zunehmend komplexeren Marktgeschehens gleichermaßen reaktionsschnell und vorausschauend

© Springer Fachmedien Wiesbaden 2018
J. Brauweiler et al., *Umweltmanagementsysteme nach ISO 14001*,
essentials, https://doi.org/10.1007/978-3-658-20275-0_4

sein. Strategische Managemententscheidungen werden daher besser nicht ohne eine genaue Analyse des Marktumfeldes und unter aktueller und zukünftiger Beachtung gesellschaftlicher Rahmenbedingungen und deren Entwicklung sowie technologischer Trends getroffen. Hier geht es um Themen wie Globalisierung, Industrie 4.0, Klimawandel, Ressourcenkrise, Nachhaltigkeit, Energiewende, Verkehrswende/Elektromobilität oder internationale Handelssanktionen. Oftmals äußern sich diese Entwicklungen mittelfristig ganz konkret in Form von Gesetzesänderungen (Novelle TA Luft, Novelle AwSV).

2. Auswirkungen der Tätigkeiten der Organisation auf das Umfeld:
   - Organisationen sind eingebunden in globale Wertschöpfungsketten. Die Art und Weise, wie Organisationen wirtschaften und welche Ressourcen sie dafür beanspruchen hat Auswirkungen auf das Umfeld und die Gesellschaft. Stellen Sie sich ein Unternehmen der Lebensmittelindustrie vor, dass Weizen in großen Mengen und von bestimmter Qualität benötigt. Oder einen Hersteller von Batterien für Elektroautos, welches große Mengen Lithium verwendet. Oder einen Kunstrasenproduzenten, der mit negativen Schlagzeilen konfrontiert ist, weil von den Kunstrasenplätzen größere Mengen Mikroplastik in das Abwasser gelangen. Die Verknappung von Ressourcen, zu der der Beschaffungsprozess auch beiträgt, kann zu Lieferengpässen und Verteuerungen führen. Der Anbau von Weizen in China, Indien oder Kasachstan und der Abbau von Lithium in Bolivien kann die Umwelt vor Ort negativ beeinflussen und die Lebensqualität der Bevölkerung einschränken. Negative Publicity über Mikroplastik und diesbezügliche Kampagnen können Kunden, Mitarbeiter und Investoren verunsichern.

3. Interne Merkmale und Bedingungen einer Organisation:
   - Mindestens genauso wichtig ist der Blick in die Organisation hinein. Es gibt bestimmte Routinen und Tätigkeiten in Organisationen, die verhindern, dass eine Anpassung an externe Faktoren stattfindet oder dass externe Auswirkungen vermindert werden. Diese internen Bedingungen gilt es zu identifizieren, das hat viel mit der Organisationskultur und den vorhandenen Fähigkeiten zu tun (Personen und deren Bewusstsein, Wissen, Prozesse, Anreizmechanismen).

Durch eine Analyse relevanter interner und externer Themen soll ein Bezug des UMS auf das Umfeld gewährleistet werden: aus externer Sicht auf die Rahmenbedingungen der Wertschöpfungskette, also der vor- und nachgelagerten Prozesse, aus interner Sicht auf die Rahmenbedingungen der eigenen Organisation.

Letztlich fließen die Erkenntnisse aus der Kontextanalyse bei der Identifikation der interessierten Parteien (Abschn. 4.2), bei der Festlegung des Geltungsbereiches (Abschn. 4.3) sowie bei der Chancen- und Risikobetrachtung (Abschn. 6.1.1), der Identifikation der Umweltaspekte (Abschn. 6.1.2), bei der Lebenswegbetrachtung (Abschn. 6.1.2 und 8.1) sowie in verschiedene andere Normanforderungen wieder ein (vgl. Abb. 4.3).

Hilfestellungen für die Umsetzung in der Praxis
Zur Betrachtung des Kontextes der Organisation muss eine Analyse des Umfeldes durchgeführt werden, es geht um das „große Ganze" in das eine Organisation oder eine Branche eingebettet ist. Es ist zu empfehlen, die Triebkräfte der externen Umgebung und der internen Bedingungen nach kategorisierten Einflussfaktoren, z. B. technisch, ökonomisch, sozial, politisch zu analysieren (vgl. Abb. 4.1). Der Anhang A.4.1 der ISO 14001:2015 sowie der Leitfaden ISO 14004 (Abschn. 4.1, Kasten 1–3, S. 26 ff.) zeigen gute Beispiele für mögliche interne und externe Themen mit Einfluss auf das UMS. Aussagekräftig wird diese Themensammlung aber erst dann, wenn eine Bewertung der Relevanz für die Organisation allgemein und das Umweltmanagement im Speziellen vorgenommen wird. Hilfreich sind dabei folgende Fragestellungen:

• Wirken sich die Änderungen positiv oder negativ auf die Umweltleistung aus?
• Womit kann das Umweltmanagement reagieren? Wie stark sind die Einflussmöglichkeiten?
• Welche Entwicklungen im Umfeld der Organisation können das Umweltmanagement beeinflussen?

4.2 Verstehen der interessierten Parteien

Anforderungen der Norm
Die Organisation muss die für das UMS relevanten interessierten Parteien (synonym: Stakeholder, Interessensgruppen) bestimmen.

▶ **Definition** Interessierte Parteien sind Personen oder Personengruppen innerhalb oder außerhalb der Organisation, die durch das UMS beeinflusst werden oder dieses beeinflussen können (ISO 14001, Begriffe 3.1.6).

Themenbereich	Externe Themen	Auswirkungen auf das UMS/erforderliche Regelungen
Politisch-rechtlich	geplante Förderung von Technologieumstellungen im Rahmen der Energiewende	• umweltorientierte Investionsplanung durchführen
Ökologisch	vermehrte Hochwasserschäden durch Klimawandel	• Hochwasserschutz in Ziel- und Maßnahmenkatalog einbringen
Sozial-kulturell	Trend zur Nachfrage nach einer ökologischen Produktvariante	• Marktanalyse durchführen • Ökologische Produktentwicklung vorantreiben
Technologisch	Schwierigkeiten bei der Durchsetzung eines umwelttechnischen Standards	• Umweltinvestition verschieben • Umwelttechnische Alternativensuche
Ökonomisch	Zulieferwechsel durch Marktumstrukturierungen	• Neue Lieferanten dem umweltorientierten Lieferantenmanagement unterziehen

Themenbereich	Internes Thema	Auswirkungen auf das UMS/erforderliche Regelungen
Politisch-rechtlich	Entscheidung zur Standorterweiterung durch Bau eines neuen Produktionsgebäudes	• Ressourceneinsatz umweltfreundlich planen • Erweiterung der Bewertung der Umweltaspekte • Prüfung der umweltrechtlichen Anforderungen
Ökologisch	Gefahrstoffe im Einsatz, die ggf. mittelfristig nicht mehr zugelassen sind	• Regelmäßige Substitutionsprüfung
Sozial-kulturell	Diffusion des Umweltgedankens innerhalb des Unternehmens	• Entwicklung einer „Umweltkultur" im Unternehmen durch interne/externe Kommunikation, Schulungen, umweltorientierte Prozessgestaltung (z. B. Marketing)
Technologisch	Technologiebedarf durch Standorterweiterung	• Investitionsprüfung aus Umweltsicht durchführen
Ökonomisch	Kundenaudits (bisher nur Qualität), werden ab sofort auch aus Umweltsicht durchgeführt	• Umweltanforderungen des Kunden ermitteln und umsetzen

Abb. 4.1 Formblatt Analyse der externen und internen Themen

Dazu zählen z. B.

- intern: die Geschäftsführung und Führungskräfte, Vertreter und Beauftragte aus Controlling, Qualitäts-, Arbeitssicherheit- und Umweltmanagement, Betriebs- und Personalräte, Gewerkschaftsvertreter, Mitarbeiter, eingekaufte Berater.
- extern: Kunden, Lieferanten, Behörden, Lokalpolitiker, Stadträte, Landtags- und Bundestagsabgeordnete, Berufsverbände, Kammern und Interessensverbände, formelle und informelle gesellschaftliche Gruppen (Bürgerinitiativen, Vereine und Verbände), Anwohner, Grundstückseigentümer, Bewohner an liegender Städte und Kommune, Wettbewerber, regionale und überregionale Medien.

Es müssen die Anforderungen (d. h. die Erfordernisse, Erwartungen) der Stakeholder bestimmt werden, um zu prüfen, ob die Organisation daraus sog. Bindende Verpflichtungen abzuleiten hat.

Was soll damit erreicht werden?

Bindende Verpflichtungen sind:

a) rechtliche Verpflichtungen, die die Organisation erfüllen muss und
b) andere, also nicht-hoheitliche und nicht-rechtliche, Anforderungen, die die Organisation erfüllen muss oder zu deren Erfüllung sie sich entschließt (z. B. Branchenstandards, DIN-Normen, freiwillige Selbstverpflichtungen).

Über die Stakeholderanalyse sollen sowohl die Erfordernisse/Erwartungen erkannt werden, die auf rechtlichen Grundlagen basieren, als auch Anforderungen an eine Organisation, zu deren Einhaltung sich diese verpflichten kann oder muss. Beispiele hierfür sind Anforderungen aus Organisations- und Branchenstandards, Vertragsbeziehungen, Vereinbarungen mit kommunalen Gruppen oder Nichtregierungsorganisationen. Letztlich sollen aus den identifizierten Interessen der Stakeholder bindende Verpflichtungen abgeleitet werden.

Hilfestellungen für die Umsetzung in der Praxis

Die öffentliche Wahrnehmung von Umweltschäden und des Klimawandels hat dazu geführt, dass Organisationen mit neuen Stakeholder konfrontiert werden (z. B. extern: Umweltorganisationen, intern: Umweltbeauftragte) und dass traditionelle Stakeholder umweltorientierte Ansprüche erheben und vertreten (z. B. Kunden). Die ISO 14004 stellt in Kasten 4, S. 31 f. Beispiele für interessierte Parteien und deren umweltorientierte Erfordernisse und Erwartungen dar.

Für Stakeholderanalysen gibt es unterschiedliche methodische Ansätze. Recht pragmatisch kann die Bedeutung eines Stakeholders über eine Punktbewertung von Einfluss/Macht und Konfliktpotenzial bewertet werden. Zur Priorisierung der Stakeholder werden die Bewertungszahlen addiert. Anschließend müssen Schwellenwerte definiert werden, ab wann es sich um A-, B- oder C-Stakeholder handelt. Auf dieser Basis können die erforderlichen Regelungen für das UMS und die Relevanz, ob es sich um eine bindende Verpflichtung handelt, eingeschätzt werden (vgl. Abb. 4.2). Je nach der Einstellung der Stakeholder gegenüber den Aktivitäten der Organisation (z. B. wohlwollend unterstützend oder kritisch bis gegnerisch) und des Grades von Einfluss/Macht, wird eine Organisation unterschiedliche Niveaus ihres Stakeholdermanagements festlegen. Diese reichen von eher passiver Information (z. B. Statusmitteilungen auf Websites, Newsletter) bis hin zu eher partizipativen und diskursiven Formen (regelmäßiger Austausch oder

Externe Stakeholder	Thema	Einfluss/Macht*	Konfliktpotenzial*	Bedeutung**	Auswirkungen auf das UMS/ erforderliche Regelungen	Bindende Verpflichtung
Umweltamt, Gewerbeaufsichtsamt	• Einhaltung der behördlichen Informationspflichten z. B. nach BImschG	3	3	A (6)	• Aufnahme der Informationspflichten in das Kataster der bindenden Verpflichtungen	ja
A-Kunde	• Vorgaben für die Konservierung von Zwischenprodukten	3	3	A (6)	• Prozessregelung	ja
Anwohner	• Beschwerden über Lärmemissionen nachts	1	1	C (2)	• Regelungen zu Fenster- und Türöffnungen in der Nacht • regelmäßige Lärmmessung	nein

Interne Stakeholder	Thema	Einfluss/Macht*	Konfliktpotenzial*	Bedeutung**	Auswirkungen auf das UMS/erforderliche Regelungen	Bindende Verpflichtung
Eigentümer	• Konzentration auf kurzfristigen Erfolg	3	3	A (6)	• Bedeutung des UMS für die Erzielung von Einspareffekten hervorheben	nein
Mitarbeiter	• Zunahme der Krankmeldungen durch ergonomisch ungünstige Verpackungstätigkeiten	3	2	A (5)	• Suche nach einer technologischen Alternative	ja

* Punktbewertung: ** Summe aus Einfluss/Macht + Konfliktpotenzial
3 = hoch   A – Stakeholder (6-5)
2 = mittel   B – Stakeholder (4-3)
1 = niedrig   C – Stakeholder (2-1)

Abb. 4.2 Formblatt Analyse der interessierten Parteien

Befragungen und Interviews, informelle Treffen, gemeinsame Workshops oder Diskussionsrunden).

Die Kontext- und Stakeholderanalyse liefern direkte und indirekte Inputs für die Ausgestaltung des UMS. Direkt wirken sich die Ergebnisse z. B. auf die Bewertung der Umweltaspekte und bindenden Verpflichtungen aus, was damit indirekten Einfluss auf die Festlegung von Umweltzielen und -maßnahmen hat (vgl. Abb. 4.3).

4.3   Geltungsbereich des UMS festlegen

Anforderungen der Norm
Unter Berücksichtigung der:

- externen und internen Themen und Umweltauswirkungen
- bindenden Verpflichtungen der interessierten Parteien
- Organisationseinheiten, Funktionen, physischen Grenzen
- Tätigkeiten, Produkten, Dienstleistungen sowie
- Befugnis und Fähigkeit zur Steuerung und Einflussnahme

muss die Organisation den Anwendungs-, d. h. den Geltungsbereich ihres UMS festlegen.

Der Geltungsbereich muss als dokumentierte Information vorliegen und den interessierten Parteien zur Verfügung gestellt, also extern kommuniziert werden.

Was soll damit erreicht werden?
Der Geltungsbereich des UMS informiert über den Anwendungsbereich und die Grenzen des UMS bezogen auf einbezogene Prozesse und Standorte. Etwaige Ausschlüsse von Standorten sowie Unternehmensteilen infolge von Outsourcing müssen begründet werden.

Hilfestellungen für die Umsetzung in der Praxis
Für die Festlegung des Geltungsbereiches empfehlen sich zwei Kriterien:

- Relevanz
- Einflussmöglichkeit

Der Geltungsbereich des Umweltmanagements sollte neben den direkten Aktivitäten an unternehmenseigenen Standorten auch die Bereiche umfassen, die in

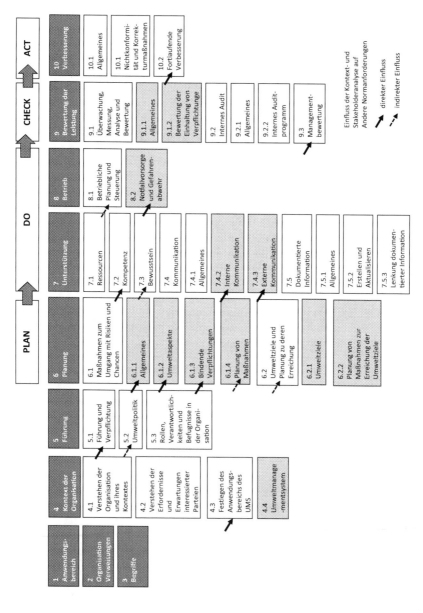

Abb. 4.3 Auswirkungen der Kontext- und Stakeholderanalyse auf das UMS

dem mittelbaren Verantwortungs- und Einflussbereich der Organisation liegen. Des Weiteren muss jede Organisation für sich selbst festlegen, für welche der vor- oder nachgelagerten Prozesse sie neben den selbst kontrollierten Fertigungsprozessen Verantwortung übernehmen kann (siehe Abschn. 6.1.2 und 8.1).

Die Erkenntnisse aus der Kontext- und Stakeholderanalyse müssen dabei berücksichtigt werden. Wenn beispielsweise das Thema Ressourcenverknappung ein wichtiges gesellschaftliches Thema ist und sich wichtige Stakeholder wegen der Abbaubedingungen oder den Arbeitssicherheitsbedingungen bei Lieferanten Sorgen machen, warum sollte dies aus dem Geltungsbereich ausgeschlossen werden? Anderseits müssen offensichtlich Grenzen gezogen werden. Trotz möglicher Verantwortungszuschreibungen können die Einflussmöglichkeiten beschränkt sein. Oftmals sind die Lieferantenbeziehungen nicht bis zur Ressourcenextraktion und Kundenbeziehungen nicht bis zum Endverbraucher zurückverfolgbar. Direkte Kontakte bestehen i. d. R. nur bis zur nächsten vor- bzw. nachgelagerten Ebene.

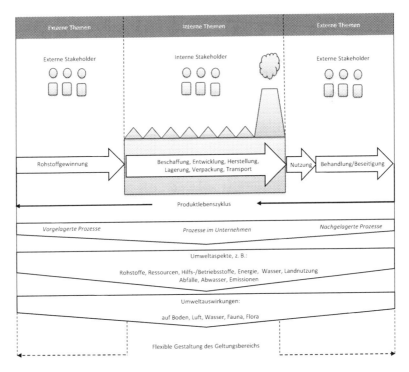

Abb. 4.4 Visualisierung der Spannbreite des festzulegenden Geltungsbereiches

Des Weiteren sind die Steuerungsmöglichkeiten stark abhängig von der Markt-macht der Organisation.

Ein begründeter Ausschluss von Standorten, Standortteilen oder bestimmter (ausgelagerter) Prozesse kann nur legitimiert werden, wenn die Umweltauswir-kungen als nicht relevant betrachtet werden. Eine mögliche Vorgehensweise für die Analyse und Bewertung der Umweltaspekte wird in Abschn. 6.1.2 vorgestellt. Die Spannbreite zur Festlegung des Geltungsbereiches visualisiert Abb. 4.4.

Die Führung im UMS übernehmen 5

Auch Kap. 5 ist ein neues Kapitel, in dem die Anforderungen an die Oberste Leitung (synonym für Geschäftsführung, also Personen oder Personengruppe, die eine Organisation auf der obersten Ebene führt und steuert) strukturiert zusammengefasst wurden. Dazu zählen:

- Führung und Verpflichtung (Abschn. 5.1)
- Umweltpolitik (Abschn. 5.2)
- Rollen, Verantwortlichkeiten und Befugnisse (Abschn. 5.3)

5.1 Führung und Verpflichtung

Anforderungen der Norm
Es wird gefordert, dass die Oberste Leitung in Bezug auf das UMS Führungsverantwortung übernimmt und verpflichtend Engagement zeigt, ganz konkret in Bezug auf folgende Aufgaben:

- Rechenschaftspflicht für die Wirksamkeit des UMS
- Festlegung der Umweltpolitik und -ziele, Förderung des kontinuierlichen Verbesserungsprozesses (KVP)
- Integration der Anforderungen des UMS in die betrieblichen Prozesse
- Bereitstellung von Ressourcen für das UMS
- Vermittlung der Bedeutung und Umsetzung des UMS
- Sicherstellung der Erreichung der Ergebnisse des UMS
- Anleitung der Mitarbeiter und Unterstützung der Führungskräfte bei der Umsetzung des UMS

© Springer Fachmedien Wiesbaden 2018   21
J. Brauweiler et al., *Umweltmanagementsysteme nach ISO 14001*,
essentials, https://doi.org/10.1007/978-3-658-20275-0_5

Was soll damit erreicht werden?

Viele Aufgaben der Obersten Leitung im Rahmen eines UMS sind nicht neu. Neu ist, dass die Aufgaben so konkret ausformuliert und in einem extra Kapitel zusammengefasst wurden. Damit wird die Bedeutung der Verantwortung der Obersten Leitung im Rahmen des UMS unterstrichen und ihr Engagement bei der Aufgabenerfüllung eingefordert. D. h. sie soll nicht nur das UMS initiieren und prüfen, sondern durch die Wahrnehmung der o. g. Aufgaben auch Engagement zeigen. Ein „wegdelegieren" an den UMS-Beauftragten soll verhindert werden. Es wird auch betont, dass die Verantwortung für das UMS bei der Obersten Leitung bleiben sollte.

Hilfestellungen für die Umsetzung in der Praxis

In dieser Normanforderung steckt die Anforderung, das UMS als einen integralen Bestandteil der Unternehmenskultur und Geschäftsprozesse zu verstehen und zu entwickeln. Dazu soll die oberste Leitung verpflichtend:

1. Aufgaben übernehmen (z. B. Rechenschaftspflicht für die Wirksamkeit des UMS, Festlegung der Umweltpolitik und -ziele, Bereitstellung der Ressourcen)
2. Aufgaben koordinieren (z. B. Förderung des KVP, Sicherstellung der Erreichung der Ergebnisse des UMS)
3. die Durchführungsverantwortung angemessen delegieren (z. B. Vermittlung der Bedeutung und Umsetzung des UMS, Anleitung der Mitarbeiter und Unterstützung der Führungskräfte bei der Umsetzung des UMS).

Im Rahmen interner und externer Audits ist anhand objektiver Nachweise zu prüfen, wie die oberste Leitung ihre Gesamtverantwortung konkret wahrgenommen hat.

5.2   Umweltpolitik

Anforderungen der Norm

Für den Geltungsbereich des UMS muss die Oberste Leitung Grundsätze ihres Umweltengagements formulieren – die Umweltpolitik. Die Umweltpolitik muss:

- angemessen sein für Zweck, Kontext, Art, Umfang, Umweltauswirkungen der Organisation
- den Rahmen für die Umweltziele bilden und
- mindestens folgende Verpflichtungen beinhalten:
  a) Schutz der Umwelt und das Verhindern von Umweltbelastungen
  b) Erfüllung der bindenden Verpflichtungen
  c) Verpflichtung zur kontinuierlichen Verbesserung, insbesondere der Umweltleistung

Die Umweltpolitik muss schriftlich formuliert werden, d. h. als dokumentierte Information vorliegen und kommuniziert werden. So muss die Umweltpolitik intern den Mitarbeiter bekannt gemacht werden, damit sie die übergeordnete Strategie der Organisation und ihrer Obersten Leitung in Bezug auf das Umweltmanagement kennen. Gleichermaßen ist sie auch den interessierten Parteien zur Verfügung zu stellen.

Was soll damit erreicht werden?
Die Umweltpolitik ist eine Selbstverpflichtung und das umweltorientierte Leitbild einer Organisation. Sie verdeutlicht, warum und wie die Organisation sich umweltorientiert engagiert.

Hilfestellungen für die Umsetzung in der Praxis
Es hat sich bewährt, den Aufbau der Umweltpolitik zu untergliedern in eine:

- Präambel, in der die Organisation beschreibt, warum, das heißt in welchem Selbstverständnis und aus welchen Beweggründen, Umweltschutz und -management betrieben wird und
- in Leitlinien, die zeigen, wie, das heißt durch welche Handlungsgrundsätze und -praktiken, Umweltschutz und -management umgesetzt werden soll.

Sowohl Präambel als auch Leitlinien sollten dabei so konkret wie möglich und nicht nur als allgemeine Statements formuliert sein. Die genaue Benennung von Zielen und Maßnahmen ist dabei nicht notwendig. Die Umweltpolitik sollte den Kontext, in dem sich die Organisation befindet sowie die Prozesse und Produkte/Dienstleistungen widerspiegeln – z. B. durch eine spezifische Formulierung von Leitlinien. Hilfestellung gibt die ISO 14004, Kasten 7 und 8, S. 43 f. sowie nachfolgendes Beispiel (vgl. Abb. 5.1).

Die interne Bekanntmachung sollte nicht nur über Rundmail oder Aushang erfolgen, sondern über eine Informations- oder Schulungsveranstaltung, in der die Oberste Leitung ihr Bekenntnis zum UMS glaubwürdig der Belegschaft vermittelt und die Schwerpunktsetzungen in den Leitlinien erläutert. Erst danach sollte ein Aushang der Politik erfolgen.

Die externe Bekanntmachung sollte ebenfalls offensiv gehandhabt werden, z. B. durch eine Veröffentlichung auf der Internetseite, durch die alle relevanten Stakeholder informiert werden können.

Verantwortung und Zukunftsorientierung durch den Schutz der natürlichen Umwelt
setzen wir durch folgende Leitlinien um:

Umweltorientierte Produkte:

➤ Wir produzieren und vertreiben Produkte, die die Umwelt während ihrer Lebensdauer so wenig wie möglich belasten und recyclinggerecht sind.

Schutz der Umwelt und kontinuierliche Verbesserung:

➤ Wir bewerten regelmäßig den Einfluss unserer Produktionsverfahren und Produkte auf die natürliche Umwelt und ergreifen geeignete Maßnahmen zur Verringerung unserer Umweltauswirkungen. Damit verfolgen wir das Ziel, die Umwelt zu schützen und unsere Umweltleistung kontinuierlich zu verbessern.

Sparsamer Ressourceneinsatz/Energieeffizienz:

➤ Ressourcen werden von uns sparsam eingesetzt und Substitutionsmöglichkeiten für umweltgefährdende Stoffe gesucht. Die Energieeffizienz unserer Produktion und Produkte wird ständig verbessert.

Umweltrecht als Mindeststandard:

➤ Die Einhaltung der umweltrechtlichen Anforderungen stellt für uns eine Selbstverständlichkeit dar. Soweit wirtschaftlich vertretbar, werden auch die Möglichkeiten zur Unterschreitung der vorgegebenen Grenzwerte ausgeschöpft.

Umsetzung des Standes der Technik:

➤ Unsere technischen Anlagen, Prozesse und Organisationsstrukturen werden regelmäßig überwacht und umweltorientiert weiterentwickelt. Dabei orientieren wir uns am Stand der Technik.

Einbezug der Mitarbeiter:

➤ Umweltbewusstes Handeln gehört zu den Aufgaben jedes einzelnen Mitarbeiters. Darum informieren wir unsere Mitarbeiter regelmäßig über Umweltschutzmaßnahmen, führen regelmäßig umweltorientierte Schulungen durch und haben ein betriebliches umweltorientiertes Vorschlagswesen implementiert.

Einbezug der externen interessierten Kreise:

➤ Mit unseren Geschäftspartnern, den Behörden, Nachbarn sowie der Öffentlichkeit pflegen wir eine offene Umweltkommunikation und -information.

Berücksichtigung der Wertschöpfungskette:

➤ Die Berücksichtigung der Umweltschutzpraktiken unserer Lieferanten und Kunden hat für uns hohe Priorität. Aus diesem Grund führen wir regelmäßig umweltorientierte Lieferantenbewertungen durch und stellen unseren Kunden unsere Produkt- und Prozessinformationen zur Verfügung.

Abb. 5.1   Umweltpolitik

5.3   Rollen, Verantwortlichkeiten und Befugnisse

Anforderungen der Norm

Im Rahmen des UMS muss die Oberste Leitung für relevante Rollen Verantwortlichkeiten und Befugnisse zuweisen um zu gewährleisten, dass das UMS der Organisation den Anforderungen der ISO 14001 entspricht und der Obersten Leitung über die Ergebnisse des UMS berichtet wird.

Die festgelegten Verantwortlichkeiten und Befugnisse sind innerhalb der Organisation bekannt zu machen.

Was soll damit erreicht werden?

In Abhängigkeit der organisatorischen und prozessualen Struktur muss festgelegt werden, welche Rollen für das UMS in der Organisation erforderlich sind. Damit wird die Verantwortung für das UMS nicht mehr nur auf eine Person, den Umweltmanagement-Beauftragten (UMB), delegiert, sondern auf die unterschiedlichen Hierarchieebenen und Abteilungen verteilt. Dabei sollen alle verantwortlichen Personen durch Schulungen und interne Kommunikation ein klares Verständnis über ihre Rolle, Verantwortlichkeiten und Befugnisse erlangen. Es kann ein UM-Team entstehen, das die Implementierung des UMS als integraler Bestandteil der Unternehmensprozesse befördert.

Hilfestellungen für die Umsetzung in der Praxis
Auch wenn die ISO 14001:2015 den UMB in ihren Anforderungen nicht mehr explizit fordert oder erwähnt, so ist es für jede Organisation zweckmäßig, einen Beauftragten der Obersten Leitung zu benennen, der das UMS und die damit verbundenen Aufgaben, Prozesse und Personen koordiniert, denn dieser ist eine relevante Rolle.

Ergänzend dazu muss die Oberste Leitung in Abhängigkeit der Größe, der organisatorischen Struktur und der vorhandenen Prozesse überlegen, welche weitere relevante Rollen für das UMS zu definieren sind (vgl. Tab. 5.1).

Tab. 5.1   Rollen und Verantwortlichkeiten im UMS. (Quelle: In Anlehnung an ISO 14004, Kasten 9, S. 45)

Typische Rollen/verantwortliche Personen im UMS	Verantwortlichkeiten im UMS
Oberste Leitung	• Strategische Ausrichtung • Entwicklung der Umweltpolitik • Gesamtverantwortung für die Erfüllung der bindenden Verpflichtungen • Überprüfung der Funktionsfähigkeit des UMS und des KVP
Führungskräfte	• Entwicklung von Umweltzielen und -prozessen • Sicherstellung der Erfüllung der bindenden Verpflichtung • Förderung von KVP
Produkt- und Dienstleistungsentwickler	• Beachtung von Umweltaspekten während des Entwicklungsprozesses
Verkaufs- und Vertriebsmitarbeiter	• Ermittlung der Erwartungen von Kunden
Auftraggeber, Einkäufer	• Ermittlung der Anforderungen an die Lieferanten und der Kriterien für die Beschaffung
Alle Mitarbeiter	• Verhalten in Übereinstimmung mit den Anforderungen des UMS
UMB	• Überwachung der Gesamtleistung des UMS

Ergänzend ist zu beachten, dass das Umweltrecht bei Vorliegen bestimmter Bedingungen (vgl. Tab. 5.2) die Berufung von sog. Betriebsbeauftragten für Umweltschutz, wie z. B. eines Immissionsschutz-, Abfall- oder Gewässerschutzbeauftragten fordert. Einzelne Rechtsvorschriften aus den Bereichen des Immissionsschutz-, Störfall-, Gewässerschutz-, Abfallrechts definieren die:

- Bedingungen/Voraussetzungen für ihre Bestellung,
- Durchführung der Bestellung,
- erforderliche fachliche Qualifikation der zu bestellenden Beauftragten und
- Rechte und Pflichten der Beauftragten.

Tab. 5.2 Rechtliche Grundlagen für die Bestellung von Beauftragte für Umweltschutz

Name des Beauftragten	Rechtliche Basis	Bedingungen für eine Bestellung
Immissionsschutz-beauftragte/r	§ 53 BImSchG, 5. BImSchV (Anhang I)	• bei Vorhandensein genehmigungsbedürftiger Anlagen gemäß Anhang I der 5. BImSchV
Störfallbeauftragte/r	§ 58a BImSchG, 5. BImSchV, (12. BImSchV)	• bei Vorhandensein genehmigungsbedürftiger Anlagen mit Störfallrisiko (d. h. bei Einsatz gefährlicher Stoffe gemäß Anhang I der 12. BImSchV)
Gewässerschutz-beauftragte/r	§ 64 WHG	• bei direkter Einleitung von > 750 m³ Abwasser pro Tag
Abfallbeauftragte/r	§ 59 KrWG, AbfBeauftrV	• bei genehmigungsbedürftigen Anlagen gemäß § 4 BImSchG • bei Anlagen, in denen regelmäßig gefährliche Abfälle anfallen • Bei allen ortsfesten Abfallsortierungs-, Verwertungs- und Beseitigungsanlagen sowie Anlagen zur Rücknahme von Altprodukten
Gefahrgutbeauftragte/r	§ 3 GbV	• bei Beteiligung an der Beförderung gefährlicher Güter
Tierschutzbeauftragte/r	§ 10 Abs. 1 TierSchG	• Einrichtungen, in denen Tierversuche an Wirbeltieren oder Kopffüßern durchgeführt werden oder deren Organe oder Gewebe dazu bestimmt sind, zu wissenschaftlichen Zwecken verwendet zu werden. Auch für Einrichtungen in denen diese Tiere gezüchtet oder gehalten werden

Die Beauftragten sind für ihren Bestellungsbereich zuständig und nehmen Aufgaben der Initiative/Mitwirkung, Beratung/Information, Kontrolle/Überwachung, Berichterstattung und Vertretung für ihren Zuständigkeitsbereich wahr.

Die Berufung der jeweiligen Verantwortlichkeiten erfolgt über eine Berufungs- oder Bestellungsurkunde, in der nicht nur die Pflichten, sondern insbesondere auch die Befugnisse genannt sein sollten. So ist der UMB z. B. zuständig für die:

- Einführung und Aufrechterhaltung des UMS gemäß Anforderungen der ISO 14001,
- Organisation der internen und externen Audits sowie
- kontinuierliche Verbesserung des UMS.

Als Befugnisse können definiert werden z. B.:

- das Zugangsrecht zu Informationen und Daten,
- ein Vorspracherecht bei der Obersten Leitung,
- ein Anhörrecht im Rahmen strategischer (Investitions-)Entscheidungen,
- ein Hinweisrecht bei der Feststellung von Abweichungen oder
- ein Durchführungsrecht für Sofortmaßnahmen bei gravierenden Abweichungen.

Die Dokumentation der Aufgaben, Verantwortlichkeiten und Befugnisse ist ebenfalls im Rahmen der Stellenbeschreibung durchzuführen.

Eine Visualisierung der in der Organisation vorhandenen Rollen im UMS erfolgt über das Organigramm (vgl. Abb. 5.2).

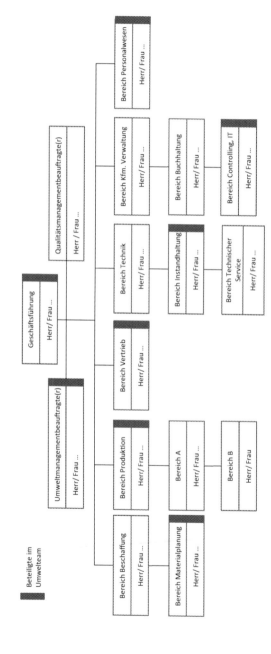

Abb. 5.2 Visualisierung der Organisationsstrukturen im UMS über das Organigramm

Die Planung durchführen

Alle Planungsaktivitäten im UMS werden in Kap. 6 zusammengefasst. Dazu gehören:

- eine verschiedene Normanforderungen berücksichtigende Risiko- und Chancenbetrachtung (Abschn. 6.1.1),
- die Analyse und Bewertung der Umweltaspekte (Abschn. 6.1.2),
- die Gewährleistung der Konformität mit den sog. bindenden Verpflichtungen (Abschn. 6.1.3) sowie
- die Festlegung von Umweltzielen und -maßnahmen (Abschn. 6.2)

6.1 Maßnahmen zum Umgang mit Risiken und Chancen

Dieses Normkapitel bezieht sich auf eine Analyse der Bedingungen, aus denen Risiken und Chancen für das UMS entstehen können, wie die Umweltaspekte der Organisation, die relevanten bindenden Verpflichtungen (umweltrechtliche und andere Anforderungen) und mögliche Notfallsituationen.

6.1.1 Umgang mit Risiken und Chancen

Anforderungen der Norm
Um sicherzustellen, dass die beabsichtigte Umweltleistung erreicht, unerwünschte Auswirkungen verhindert oder verringert und eine fortlaufende Verbesserung

© Springer Fachmedien Wiesbaden 2018
J. Brauweiler et al., *Umweltmanagementsysteme nach ISO 14001*,
essentials, https://doi.org/10.1007/978-3-658-20275-0_6

erzielt werden kann, muss die Organisation bei der Planung des UMS Risiken und
Chancen bestimmen, die in Verbindung stehen mit:

- Internen und externen Themen (Abschn. 4.1)
- Interessierten Parteien (Abschn. 4.2)
- Umweltaspekten (Abschn. 6.1.2)
- bindenden Verpflichtungen (Abschn. 6.1.3) und
- möglichen Notfallsituationen (Abschn. 8.2).

▶ **Definition** Als Risiken und Chancen werden unsichere Ereignisse verstanden,
die potenziell ungünstige Auswirkungen (Bedrohungen) und günstige Auswirkungen (Chancen) für das UMS und die Organisation haben können. Hier ist zu
beachten, dass die Auswirkungen immer mit Ungewissheit über ihr Eintreten ein-
hergehen.

Über die zu berücksichtigenden Risiken und Chancen sowie die im Rahmen des
UMS dafür erforderlichen Prozesse müssen dokumentierte Informationen geführt
werden.

Was soll damit erreicht werden?
Organisationen, die in dynamischen Märkten tätig sind, müssen flexibel genug
sein, um sich ändernden Rahmenbedingungen anzupassen. Die Risiken- und
Chancenanalyse soll dazu einen Beitrag leisten, indem ein vorausschauendes,
vorbeugendes Denken in Bezug auf mögliche negative oder positive (Umwelt-)
Entwicklungen gefördert wird. Die Beschäftigung mit Risiken und Chancen
ermöglicht eine gedankliche Vorbereitung von Reaktionen. Sie schärft damit das
Verständnis für interne Prozesse und Strukturen und die äußeren Triebkräfte der
Organisation. Die Risiko- und Chancenbetrachtung führt Erkenntnisse verschie-
dener Normanforderungen zusammen (interne und externe Themen, interessierte
Parteien, Umweltaspekte, bindende Verpflichtungen, Notfallsituationen).

Hilfestellungen für die Umsetzung in der Praxis
Die Norm enthält keine Vorgaben, mit welchem methodischen Vorgehen die
Risiko- und Chancenanalyse durchzuführen ist. Das Methodenspektrum ist hier
vielfältig, von einem tabellarischen Risikokataster bis hin zu einem systemati-
schen Risikomanagement nach ISO 31000 oder ÖNR 49001 ff. Die Organisation
muss für sich selbst definieren, wie weitreichend der Ansatz sein muss. Folgende
Schritte sollten prinzipiell durchgeführt werden:

1. Identifizierung und Analyse der Risiken und Chancen,
2. Bewertung und Priorisierung der Risiken und Chancen,
3. Ableitung von Maßnahmen im UMS.

Zu 1.) Identifizierung und Analyse der Risiken und Chancen

Neben den Risikoquellen, die bereits die Norm definiert (z. B. interne und externe Themen, vgl. auch ISO 14004, Kasten 11, S. 50 sowie Anhang A.3 und A.4, S. 113 ff.), können sich für das Umweltmanagement relevante Risiken bzw. Chancen noch aus weiteren Bedingungen ergeben (vgl. Tab. 6.1 sowie ISO 14004, Kasten 10, S. 47).

Zu 2.) Bewertung und Priorisierung der Risiken und Chancen

Die quantitative Risikobewertung ist anspruchsvoll und datenintensiv. Üblicherweise basiert die Berechnung von Eintrittswahrscheinlichkeiten auf historischen Daten (Wie oft ist ein Ereignis in den letzten 10 Jahren aufgetreten?), die dann in die Zukunft extrapoliert werden. Dieses Vorgehen hat Grenzen: es müssen

Tab. 6.1 Risiko- und Chancenquellen

Risikobedingungen	• Standortbedingungen (z. B. Altlastenstandorte, Nähe zu Natur- und Landschaftsschutzgebieten, durchlässige Böden und Grundwasserleiter, die im Havariefall aufwendigere Rettungstechnik erfordern, Tallage mit Inversionswetterbedingungen und zeitweise mangelndem Luftaustausch, lärm- oder erschütterungssensible Nachbarschaft) • Technische Ausstattung (z. B. mögliche Konstruktionsfehler bei Maschinen, Alter und Zustand von Lager-, Abfüll- und Umschlaganlagen) • Einsatz von Gefahrstoffen • Organisationsversagen (z. B. unzureichende oder nicht durchgeführte Wartungsarbeiten, Probleme in der Aufbau- und Ablauforganisation durch unklare Zuständigkeiten, mangelnde Qualifikation, inadäquate Fertigungs- oder Entsorgungsprozesse, nicht vorhandene oder unzureichende Sicherheitseinrichtungen)
Bedingungen für Chancen	• Erschließung neuer Märkte und Zielgruppen, • Einsatz neuer Produktionstechnologien oder Stoffen, • Produktvariationen, • Eingehen neuer Kooperationen entlang der Wertschöpfungskette, • Umweltpolitisch-rechtlichen Veränderungen

belastbare historische Daten vorliegen und die Extrapolationen führen nur zu einer scheinbaren Sicherheit. Extrem unwahrscheinliche Ereignisse werden i. d. R. unterbewertet.

Bei der qualitativen Risikoanalyse werden recht grobe Schätzungen vorgenommen, die aber für einen ersten Eindruck und eine Priorisierung ausreichend sind. Die einzelnen Risiken werden auf einer einfachen ordinalen Skala von 1–5 bezüglich ihrer Eintrittswahrscheinlichkeit und des Schadensausmaßes bewertet. Um zu sinnvollen Bewertungen zu gelangen, muss vorab organisationsspezifisch geklärt werden, worin der Unterschied liegt zwischen einem geringen und einem sehr hohen Schaden bzw. einer hohen bzw. geringen Eintrittswahrscheinlichkeit (vgl. Abb. 6.1). Hilfestellung gibt hier z. B. die ONR 49002–3:2010; ONR 49002–2:2010.

Diese Form der Risikobewertung wird immer durch subjektive Interpretationen und Risikopräferenzen beeinflusst und sollte daher in einem Konsensverfahren unter Beteiligung möglichst vieler (heterogener) Personen erfolgen.

Risiko	Bewertung				Maßnahme
	EW*	SH**	Risiko-zahl	Priorität***	
Arbeits-/Wegeunfall	4	5	20	A	Gemeinsame Achtsamkeit, Sicherheitstrainings, Entwicklung Sicherheitskultur
Havarie im Gefahrstofflager durch Überflutung	3	3	9	B	Gefahrstofflager mittelfristig an hochwassersicheren Ort im Betriebsgelände umsiedeln
Marktsättigung im Bereich Bioprodukte	1	2	2	C	Monitoring, ggf. perspektivisch Verkauf der Bioproduktelinie anstreben

* Eintrittswahrscheinlichkeit		Mögliche Interpretation
1	sehr unwahrscheinlich, praktisch unmöglich	weniger als 1 mal in 100 Jahren
2	unwahrscheinlich	1 mal in 10 Jahren bis 1 mal in 100 Jahren
3	möglich	1 mal im Jahr bis 1 mal in 10 Jahren
4	gelegentlich	1 mal monatlich bis 1mal jährlich
5	anzunehmen, häufig	mehr als 1x monatlich

**Schadenshöhe		Mögliche Interpretation
1	Unbedeutend	• Betriebsfunktion vorübergehend leicht gestört oder unterbrochen, Leistungsfähigkeit bleibt erhalten, kein dauernder Reputationsschaden, angesichts der Größe der Organisation zu vernachlässigen
2	Gering	• Betriebsfunktionen ganz unterbrochen, aber begrenzt und leicht zu beheben, begrenzte Mehrkosten/ Schadensfolgen die aus dem Cash-Flow finanziert werden, leichte Budgetbeeinträchtigungen, Reputationsschaden kurzfristig wieder herstellbar
3	Spürbar	• Betriebsfunktionen ganz unterbrochen, aber schwer zu beheben, hohe Mehrkosten, Kunden unzufrieden
4	Kritisch	• Betriebsfunktionen ganz unterbrochen, erheblicher Produktivitätsverlust, Verlust von Kunden
5	Katastrophal	• Betriebsfunktionen ganz unterbrochen, Verlust der Marktstellung

*** Priorität
A = 10-25
B = 4-9
C = 1-3

Abb. 6.1 Formblatt Risikoanalyse. (In Anlehnung an ONR 49002–3:2010; ONR 49002–2:2010, Tab. A.4)

Gleichermaßen sind für Chancen Kriterien zur Bewertung des Erfolgsausmaßes (z. B. erwarteter Wettbewerbsvorteil oder Umsatz-/Gewinnpotenzial) sowie der Eintrittswahrscheinlichkeit festzulegen.

Zur Priorisierung der Risiken werden die Bewertungszahlen multipliziert. Anschließend müssen Schwellenwerte definiert werden, bei welchen Bedingungen ein Risiko als tolerabel (C-Risiko) oder nicht akzeptabel (A-Risiko) eingeschätzt wird (vgl. Abb. 6.1). Gleichermaßen sind Schwellenwerte für Handlungsnotwendigkeiten zur Realisierung von Chancen zu definieren.

Zu 3.) Ableitung von Maßnahmen im UMS

Für prioritäre Risiken und Chancen sind Maßnahmen zu entwickeln, um mit diesen umzugehen (vgl. Abb. 6.1). Grundsätzlich können folgende Risikobewältigungsstrategien unterschieden werden:

- Risikoakzeptanz (keine Maßnahmen, Risiko wird eingegangen),
- Risikominderung (Maßnahmen entwickeln zur Senkung des Schadensausmaßes oder der Eintrittswahrscheinlichkeit),
- Risikotransfer (Überwälzung des Risikos auf Dritte, z. B. durch vertragliche Bedingungen oder Versicherungen),
- Risiko Vermeidung (Risiko wird nicht eingegangen, z. B. Geschäftsfeld wird verlassen, Investition wird nicht getätigt).

Strategien zur Ausnutzung von Chancen lassen sich z. B. in Bezug auf den Zeitpunkt der Chancenausnutzung unterscheiden in sog.:

- Innovatoren (z. B. Erster im Markt, Produktinnovator) oder
- Follower (z. B. Adaption einer Technologie oder eines Produktes).

Bei der Festlegung der Maßnahmen spielen auch die Kosten für die Risikoverminderungs- bzw. Chancenausnutzungsmaßnahmen eine Rolle. Wie viel darf eine Minderungsmaßnahme im Vergleich zum möglichen Schaden/Nutzen kosten? Man kann sehr viel Geld für Hochwasserschutzmaßnahmen investieren, muss aber natürlich die max. Schadenshöhe oder die Kosten einer Alternativmaßnahme (Versicherung, Outsourcing) beachten. Risiken um jeden Preis zu vermeiden ist nicht vernünftig. Es besteht z. B. das Risiko eines Hochwassers. Um das Risiko auf Null zu reduzieren müsste z. B. eine meterhohe Schutzwand gebaut werden. Das Risiko sollte so weit vernünftig reduziert werden. Vernünftig heißt Kosten und Nutzen der Risikominderung stehen in einem ausgewogenen Verhältnis. Das Risiko auf Null zu reduzieren ist – nicht nur aus Kostengründen – i. d. R. unmöglich. Es gibt immer ein Rest-Risiko. Die Frage ist, welches Rest-Risiko die Organisation bereit ist zu ertragen oder in Kauf zu nehmen.

Ein hilfreiches Instrument, einen Überblick über prioritäre Risiken- und Chancen und erforderliche Maßnahmenbereiche zu erhalten, ist die Visualisierung der Schadens- bzw. Erfolgshöhe und Eintrittswahrscheinlichkeit in einem Risiko- bzw. Chancenportfolio (vgl. Abb. 6.2).

Aus der Einordnung der Einzelrisiken im Portfolio ergibt sich der Handlungsbedarf und die Dringlichkeit der Maßnahmenplanung und -durchführung.

- Risikokategorie A „nicht vertretbar" (Risikozahl zwischen 10 und 25): sofortige Maßnahmen zur Reduzierung oder Vermeidung des Risikos erforderlich.
- Risikokategorie B „begingt vertretbar" (Risikozahl zwischen 4 und 9): Kontrollmaßnahmen und Ergreifen mittelfristiger Maßnahmen zur Risikominderung, Umsetzungskontrolle innerhalb von 12 Monaten.
- Risikokategorie C „vertretbar" (Risikozahl zwischen 1 und 3): keine akuten Maßnahmen nötig.

Der Übergang von Risikoklasse A zu B und damit von sofortigem zu mittelfristigem Handlungsbedarf ergibt sich daraus, wo in der Organisation die Grenze

Abb. 6.2 Beispiel für ein Risikoportfolio

gezogen wird zwischen den tolerierbaren und nicht tolerierbaren Schäden. Anhaltspunkte dafür sind in den Erläuterungen zum Formblatt in Abb. 6.1 enthalten, müssten aber unternehmens- und risikospezifisch ausformuliert werden.

6.1.2 Ermittlung der Umweltaspekte

Anforderungen der Norm
Im festgelegten Geltungsbereich muss die Organisation unter Berücksichtigung des Lebensweges die Umweltaspekte ihrer Tätigkeiten, Produkte und Dienstleistungen bestimmen.

▶ **Definition** Ein Umweltaspekt ist ein Bestandteil der Tätigkeiten oder Produkte oder Dienstleistungen einer Organisation, der in Wechselwirkung mit der Umwelt tritt oder treten kann. Beispiele sind Einleitungen in Gewässer, Luftemissionen, Materialnutzung, aber auch Materialwiederverwendung oder Lärmerzeugung (ISO 14004, S. 52).

▶ **Definition** Der Umweltaspekt kann dabei eine oder mehrere Umweltauswirkungen haben, also eine ungünstige oder günstige Veränderung der Umwelt bewirken. Eine schädliche Umweltauswirkung ist z. B. Luftverschmutzung oder der Abbau von Rohstoffen. Eine nützliche Umweltauswirkung ist Ressourcenschonung, eine verbesserte Wasser- oder Bodenqualität (ISO 14004, S. 52).

Von den Umweltaspekten soll die Organisation die bedeutenden Aspekte ableiten:

* mittels definierter Kriterien,
* die entlang des Lebensweges durch die Organisation steuerbar oder beeinflussbar sind,
* mit Berücksichtigung von Änderungen/Neuentwicklungen/Notfallsituationen.

Die bedeutenden Umweltaspekte sind intern angemessen zu kommunizieren und die Methodik sowie die Ergebnisse der Umweltaspektbewertung als dokumentierte Informationen aufzubewahren.

Was soll damit erreicht werden?
Die Analyse und Bewertung der Umweltaspekte ist das „Herzstück" eines UMS. Hier werden die aufgrund der Prozesse und Produkte einer Organisation verursachten Umweltbelastungen identifiziert und hinsichtlich ihrer Bedeutung für das

UMS bewertet. Die identifizierten bedeutenden Umweltaspekte sind der Ansatz-
punkt für die Ableitung von Umweltzielen und -maßnahmen sowie für alle Steue-
rungs- und Überwachungsprozesse im UMS. Sie sind also die Ausgangsbasis für
eine Verbesserung der Umweltleistung einer Organisation.

Die Fokussierung auf den Lebensweg ist nicht neu, wurde aber in der ISO
14001:2015 noch einmal expliziter formuliert. Dadurch soll erreicht werden, dass
die Umweltorientierung einer Organisation nicht nur im Rahmen ihres eigenen
Betriebsgeländes, sondern auch – sofern möglich – auf den vor- und nachgelagerten Produktionsstufen befördert wird.

Hilfestellungen für die Umsetzung in der Praxis
Bisher gibt es keine einheitliche Methodik zur Analyse und Bewertung der
Umweltaspekte. Auch von der ISO 14001:2015 gibt es dazu keine Vorgaben,
außer, dass der Prozess der Analyse und Bewertung plausibel und nachvollziehbar sein muss. Somit muss jede Organisation ihr eigenes methodisches Vorgehen
entwickeln, dass einerseits konkret genug und andererseits praktikabel ist.

Umweltaspekte sollen bezogen auf Prozesse, Produkte oder Dienstleistungen
und unter Beachtung des Lebensweges bestimmt werden. Dadurch soll eine unbe-
absichtigte Verschiebung von Umweltauswirkungen innerhalb des Lebensweg
von Produkten oder an andere Organisationen („outsourcing") vermieden werden.

▶ **Definition** Als Lebensweg werden aufeinander folgende und miteinander ver-
knüpfte Phasen eine Organisation verstanden, von der Rohstoffgewinnung oder
Rohstofferzeugung bis zur endgültigen Beseitigung (ISO 14001, Begriffe 3.3.3).

Zu den relevanten Phasen des Lebensweges eines Produktes zählen damit:

- Rohstoffbeschaffung, einschließlich Gewinnung
- Entwicklung von Produkten, Dienstleistungen, Prozessen, Anlagen
- Herstellung, bzw. einzelne Fertigungsschritte sowie Halbzeugproduktion
- Vertrieb und Logistik (inkl. Lagerung, Verpackung, Lieferung)
- Nutzung, inkl. Montage sowie After-Salesprozesse wie Wartung und Service
- Behandlung am Ende des Lebensweges (Wiederverwendung, Wiederaufberei-
  tung, Recycling) und
- Endgültige Beseitigung.

Ebenfalls Rechnung getragen werden muss bei der Bestimmung der Umweltaspekte, dass jegliche Änderungen, geplante und neue Entwicklungen hinsichtlich
der Tätigkeiten, Produkte und Dienstleistungen sowie nicht bestimmungsgemäße

Zustände (Notfallsituationen) in die Betrachtung einfließen. Diese Forderung zeigt deutlich die Verbindung zur bereits beschriebenen Risiko- und Chancenananlyse. Die Norm unterscheidet zwischen steuerbaren und beeinflussbaren Umweltaspekten (vgl. Abb. 6.3).
Steuerbare Umweltaspekte:

• werden am Betriebsstandort selbst verursacht, denn sie entstehen durch die dort durchgeführten Beschaffungs-, Produktions- und Absatzprozesse (z. B. der Verbrauch von Rohstoffen, Wasser, Energie und Flächen sowie der Anfall von Abfällen, Emissionen in die Luft und Einleitung von Abwasser).
• sind über Stoff- und Energiebilanzen gut erfassbar und durch entsprechende Entscheidungen des Managements bzw. aufgrund bestehender Eigentumsverhältnisse steuerbar.

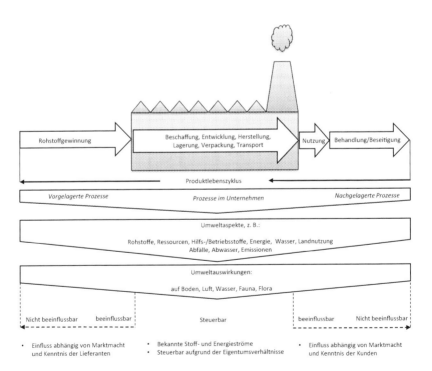

Abb. 6.3 Unterscheidung zwischen steuerbaren und beeinflussbaren Umweltaspekten im Produktlebenszyklus

Beeinflussbare Umweltaspekte:

- entstehen nicht am Standort selbst, sondern resultieren aus vor- bzw. nachgelagerten Beschaffungs-, Produktions- bzw. Vertriebsstufen und sind durch die
  Organisation nur beeinflussbar.
- sind Umweltaspekte, die aus der Gewinnung und Verteilung sowie dem
  Design und der Herstellung von Vorprodukten, dem Vertrieb und der Verwendung der Produkte oder aus den Umweltleistungen und Praktiken der Vertragspartner und Zulieferer resultieren.

Die Beeinflussbarkeit nimmt im Verlauf der Wertschöpfungskette (Zulieferer der
Zulieferer, Kunde des Kunden) immer weiter ab. Außerdem ist sie abhängig von
der Marktmacht der Organisation (vgl. Abb. 6.3).

Die Einschätzung der (direkten) Umweltaspekte am Standort selbst, sollte
detaillierter und exakter erfolgen, als die Betrachtung der vor- und nachgelagerten Prozesse. Angaben zu Umweltauswirkungen am Standort sollten nach Möglichkeit auf messbaren Daten oder plausiblen Experteneinschätzungen beruhen.
Daher ist es methodisch zweckmäßig, zwischen der Identifikation der Umweltaspekte bezogen auf Prozessschritte am eigenen Standort (im Folgenden A) und der
vor- und nachgelagerten Prozessschritte (im Folgenden B) zu unterscheiden. In
Abb. 6.4 wird aber beispielhaft gezeigt, dass Variante A je nach Verfügbarkeit der
Daten auch für vor- und nachgelagerte Lebenszyklusphasen genutzt werden kann.

A) Identifikation der Umweltaspekte an den Standorten
Folgende Arbeitsschritte sind zu durchlaufen:

1. Bestimmung der Umweltaspekte

Umweltaspekte sollen bezogen auf Prozesse, Produkte oder Dienstleistungen
bestimmt werden. Typische Umweltaspekte sind z. B.:

- Verbrauch von Rohstoffen und Ressourcen (z. B. Holz, Metalle, Einsatzstoffe,
  Vorprodukte)
- Nutzung von Energie (z. B. regenerative oder konventionelle Energie)
- Freisetzung von Abwärme
- Erzeugung von Lärm und Erschütterungen)
- Freisetzung von Abluft und Emissionen in die Luft (z. B. CO_2-Emissionen)
- Erzeugung von Abwasser

Verursachender Prozess/Bereich, z. B.:	Umweltaspekte	Umweltauswirkung	Steuerbar (s) / zu beeinflussen (zb)	Lebenszyklusphase	Datenerfassung (Menge/Jahr)	Umweltgefährdungspotenzial-/Umweltauswirkung	Kennzeichen des Umweltaspektes, hier Menge	Informationen zu bindenden Verpflichtungen	Belange interner/externer interessierter Kreise	Bewertung	Bedeutung*	Kennzahl!
Beschaffung	Verbrauch von metallischem Vormaterial	Rohstoffknappheit	s/zb	Herstellung	... kg	2	2	2	3	9	A	
Metallumformende Prozesse	Verbrauch von Elektroenergie	Ressourcenknappheit	s	Herstellung	...MWh	1	3	2	3	9	A	
	Lärmemissionen	Gehörschäden	s	Herstellung	...dB	1	1	1	1	4	C	
Lackierprozesse	Verbrauch von Hilfs- und Betriebsstoffen (Lösemittellacke)	CO_2-, NOx, VOC-Emissionen	s	Herstellung	...kg/Bez ug	3	2	1	2	8	B	
Waschen in Waschanlage	Abwassereinleitung	Verschmutzung durch Schadstofffrachten (z. Bsp. Schwermetalle)	s	Herstellung	...mg/kg	3	2	2	3	11	A	
Reparatur Klimaanlage durch einen Unterauftragnehmer	Freisetzung von ozonabbauenden Substanzen	Ozonabbau	zb	Nutzung	...kg	2	2	1	2	7	B	
Roheisenherstellung	Anfall von Schlacke	Ressourcenknappheit /Flächenverbrauch durch Deponierung	zb	Rohstoff-gewinnung	...kg	2	1	1	1	5	C	

(hoch=3, mittel=2, niedrig=1)

*A: hohe Handlungspriorität bei einer Gesamtpunktzahl von 12 – 9
B: mittlere Handlungspriorität bei einer Gesamtpunktzahl von 8 – 7
C: geringe/keine Handlungspriorität bei einer Gesamtpunktzahl 6 – 4

Abb. 6.4 Formblatt für die Bewertung der Umweltaspekte

- Freisetzungen von Stoffen in Böden (z. B. Sickerwasser, Öle im Havariefall)
- Erzeugung von Abfall (gemäß Abfallkategorien)
- Flächenverbrauch

2. Bestimmung der Umweltauswirkungen

Von jedem Umweltaspekt sind die schädlichen oder nützlichen Umweltauswirkungen zu bestimmen. Hier ist auch ein Querbezug zu den Risiken und Chancen zu ziehen, da schädliche Umweltauswirkungen Risiken und nützliche Umweltauswirkungen Chancen darstellen können. Anhang A.1 der ISO 14004, ab S. 106 gibt Beispiele für Umweltaspekte, deren Umweltauswirkungen, damit verbundene Risiken und Chancen sowie abzuleitende Maßnahmen.

Tab. 6.2 gibt Beispiele dafür an, aus welchen Datengrundlagen Informationen für die Ermittlung der Umweltaspekte und -auswirkungen gewonnen werden können. Weitere Hinweise enthält die ISO 14004, Kasten 13, S. 58.

3. Bestimmung der bedeutenden Umweltaspekte

Bei der Ableitung von Umweltzielen und -maßnahmen soll die Organisation die bedeutenden Umweltaspekte berücksichtigen. Jede Organisation muss daher Kriterien festlegen, mittels derer sie die Bedeutung eines Umweltaspektes und seiner -auswirkungen einschätzen kann. Von der Norm werden keine Bewertungskriterien vorgegeben.

Folgende Kriterien sind praktikabel (vgl. Abb. 6.3):

- Umweltgefährdungspotenzial/Umweltauswirkung (z. B. Ausmaß, Schwere, Dauer, Exposition, Darstellung über ABC-Analyse)
- Kennzeichen des Umweltaspektes (z. B. Typ, Größe/Menge, Häufigkeit, z. B. Ausschluss von Stoffen mit Massenanteil < 1–5 % oder Energieanteil < 1–5 %)
- Informationen zu bindenden Verpflichtungen (z. B. Konformität/Nichtkonformitäten z. B. zu Emissionsobergrenzen oder Grenzwerte, z. B. aus dem BImschG)
- Belange interner/externer interessierter Kreise (z. B. Bedeutungsgrad für die Anspruchsgruppe).

Für die Kriterien sind Werte (z. B. bei Mengen) oder Ebenen (z. B. bezüglich des Konformitätsgrades) festzulegen, mittels derer die Kriterien quantifiziert bzw. qualifiziert werden. Weiterhin muss für jeden Wert bzw. jede Ebene ein Maßstab oder eine Rangfolge festgelegt werden, um die Bedeutung einstufen zu können. So ist zu bestimmen, ab wann:

Tab. 6.2 Datengrundlagen für Ermittlung von Umweltaspekten und -auswirkungen

Umweltaspekt	Datengrundlage (Auswahl)	Inhalt
Rohstoffe Ressourcen	Ressourcenbilanz/ Input-Output-Bilanz, Beschaffungs- und Materialdatenbanken, ERP-System	Art der Ressource, Tätigkeit, Verbrauchsmenge, Bilanzen, Verbrauchsstelle
Einsatzstoffe/Produkte	Betriebsanweisungen, Rezepturen, Gefahrstoffkataster	Stoffnummer, Handelsname, Inhaltsstoffe, Verwendungszweck/-ort, Gefahrstoffsymbol, Verordnung über brennbare Flüssigkeiten (VbF), WGK, Max. AP-Konzentration (MAK-Werte), Verbrauchsmengen, Zukaufstoffe
Energie	Zählerdatenerfassung Verbrauchsabrechnungen	Verbrauchsdaten
Lärm	Lärmkataster	Messprotokolle, Messdaten
Emissionen	Emissionskataster	Emissionsart, Tätigkeit, Emissionsquelle, Anfallhäufigkeit, Emissionskonzentration/-menge, Einstufung nach TA Luft
Abwasser	Abwasserkataster	Abwasserart, Tätigkeit, Schadstoffkonzentration und -fracht
Abfall	Abfallnachweise	Stoffart, Tätigkeit, Abfallschlüssel, Abfall-/Reststoffentstehung, Einstufung nach GefahrgutVO, GefStoffV, Abfallmenge, Verwertung/Beseitigung
Fläche	Flur- und Lagepläne	Gesamtfläche, Nutzfläche, bebaute Fläche

- die Umweltrelevanz als hoch/mittel/niedrig zu bewerten ist – hier können zum Beispiel die Einordnung in Gefahrstoff-, Wassergefährdungsklassen oder die Einstufung als gefährlicher Abfall herangezogen werden;
- die Menge als hoch/mittel/niedrig zu bewerten ist – hier können zum Beispiel prozentuale Angaben in Abhängigkeit der Gesamtmenge verwendet werden (für Stoffe, die der Umweltgesetzgebung unterliegen sind Mengengrenzen festgelegt);

• die rechtliche Relevanz hoch/mittel/gering zu bewerten ist – hier können zum Beispiel Verstöße gegen das Umweltrecht oder zu erwartende Rechtsänderungen berücksichtigt werden oder auch eine Einstufung der Rechtsrelevanz von Produktionsanlagen im Bereich des Immissionsschutzes durchgeführt werden.

Eine spezifische, auf einzelne Umweltaspekte bezogene Festlegung dieser Bewertungsgrenzen ist sehr aufwendig, aber erforderlich, damit die Bewertung nachvollziehbar oder besser noch nachprüfbar ist. In Bezug auf das in Abb. 6.4 dargestellte Beispiel wäre also für den Prozess Beschaffung festzulegen, anhand welcher Kriterien die Rohstoffknappheit mit hoch/mittel/niedrig oder die eingesetzte Menge mit hoch/mittel/niedrig zu bewerten ist. Wurden diese Grenzen festgelegt, kann eine Punktbewertung der Kriterien erfolgen (hoch = 3, mittel = 2, niedrig = 1)

Nach der Punktbewertung der Kriterien kann durch Summenbildung eine Einordnung als bedeutender Umweltaspekt mittels ABC-Bewertung erfolgen. Diese kann z. B. mit hoher, mittlerer oder geringer Handlungspriorität beschrieben werden. In der Praxis hat sich das qualitative Verfahren der ABC-Analyse insbesondere bei der stoff- oder materialbezogenen Bewertung von Umweltaspekten bewährt. Bei der Ableitung von Umweltzielen und -maßnahmen muss unterschieden werden, ob ein Umweltaspekt von der Organisation selber und direkt steuerbar oder nur beeinflussbar ist (vgl. Abb. 6.3).

B) Identifikation der Umweltaspekte über den Lebensweg
Beim Betrachten des festgelegten Lebensweges spielen die Möglichkeiten der Organisation zur Beeinflussung und Steuerbarkeit eine entscheidende Rolle. Ziel dieser neuen Normanforderung ist es, diejenigen Bereiche der Lebenszyklusphasen zu ermitteln, in denen die Umweltauswirkungen reduziert werden können und ein Mehrwert für die Organisation in Form der Verbesserung der eigenen Umweltleistung entsteht. Dafür haben die Organisationen die Aufgabe, die Art und Weise, wie Produkte und Dienstleistungen der Organisation entwickelt, produziert, vertrieben, konsumiert und entsorgt werden zu kennen und Maßnahmen zu Steuerung und/oder Beeinflussung zu erarbeiten. Dabei ist sicherzustellen, dass diese Maßnahmen den jeweils geltenden bindenden Verpflichtungen (z. B. Öko-Design) gerecht werden und auch entsprechend entlang der Lieferkette kommuniziert werden. Im Ergebnis können die für die Organisation ermittelten Umweltaspekte entlang des Lebensweges mittels der Methodik Variante A erfasst und auch bewertet werden. Dies ist sehr umfangreich und setzt die Möglichkeit einer exakten Datenbeschaffung zur allen Lebensabschnitten voraus, in Anlehnung an eine Sachbilanz in der Ökobilanzierung.

Für die Lebenswegbetrachtung wird aber in der ISO 14001:2015 explizit keine Ökobilanz nach ISO 14040/44 gefordert. Um den Aufwand in Grenzen zu halten, müssen Vereinfachungen vorgenommen werden. Hier gibt es verschiedene methodische Ansatzmöglichkeiten von denen wir die Umwelt-Hotspot-Analyse vorstellen wollen. Über einen solchen Ansatz kann ein Einstieg in die Ökobilanzierung von Produkten gewährleistet werden, wenn nach und nach der Detaillierungsaufwand für relevante Produkte erhöht wird.

Die Hotspot-Analyse verfolgt das Ziel, qualitativ einigermaßen richtungssicher die Verteilung der Umweltauswirkungen eines Produktes über den Lebensweg abzubilden. „Hotspots" sind demnach die Teile des Lebensweges, die besonders hohe Umweltauswirkungen aufzeigen. Die Hotspot-Analyse, in Tab. 6.3 am Beispiel des Erdbeeranbaus in Spanien, erfolgt in fünf Schritten[1]:

1. Auswahl der relevanten Lebenswegabschnitte (hier: Landwirtschaft/Anbau, Verarbeitung, Nutzung und Entsorgung) und der zu betrachtenden Umweltauswirkungen (hier: abiotische und biotische Materialien, Energie, Wasser, Flächenverbrauch, Abfall, Emissionen in Luft, Emissionen in Wasser)
2. Qualitative Bewertung der Bedeutung der Umweltaspekte innerhalb eines Lebenswegabschnittes (über eine einfache Ordinalskala: hoch = 3 Punkte, mittel = 2 Punkte, niedrig = 1 Punkt)[2]. Bei der Festlegung der Scores sollten sowohl die vermutete Menge, als auch das vermutete Umweltauswirkungspotenzial berücksichtigt werden.
3. Gewichtung der Bedeutung des Lebenswegabschnittes über die Ermittlung des Mittelwertes aus den Scores der jeweiligen Phasen.
4. Ermittlung der Hotspots über eine Multiplikation der Punkte der Umweltrelevanz (Schritt 2) mit den Gewichtungsfaktoren (Schritt 3).
5. Einschätzung der Beeinflussbarkeit und Steuerbarkeit (Ordinalskala: hohe Relevanz = 3 Punkte, mittlere Relevanz = 2 Punkte, geringe Relevanz = 1 Punkt).
6. Als Ergebnis liegt ein Score für die Priorisierung vor.

Aus der Hotspot-Analyse ergibt sich letztlich der Handlungsbedarf für die einzelnen Lebenswegphasen. Je höher der Wert gegenüber anderen Lebenswegphasen,

---

[1]Bienge et al. (2010), Wallbaum und Kummer (2006), ein ähnlicher Ansatz wurde von Fleischer und Schmidt (1997) entwickelt.

[2]Treten keine Auswirkungen auf wird das Feld frei gelassen. Positive Umwelteffekte werden an dieser Stelle nicht berücksichtigt.

Tab. 6.3   Hotspot-Analyse am Beispiel Erdbeeren. (verändert nach Bienge et al. 2010)

	Anbau	Verarbeitung	Nutzung	Entsorgung
Schritt 1 und 2: Abschätzung der Umweltauswirkungen innerhalb der Lebenswegabschnitte				
Abiotische Ressourcen	1	1	2	1
Biotische Ressourcen	3	1	2	1
Energie	2	2	3	1
Wasser	3	1	1	1
Flächenverbrauch	3	1	1	1
Abfall	2	1	1	1
Luftschadstoffe	2	2	3	1
Wasserschadstoffe	2	1	1	1
Schritt 3: Gewichtung der Lebenswegabschnitte untereinander				
Umweltrelevanz	2,25	1,25	1,75	1
Schritt 4: Ermittlung der Hot Spots				
Abiotische Ressourcen	2,25	1,25	3,50	1
Biotische Ressourcen	6,75	1,25	3,50	1
Energie	4,50	2,50	5,25	1
Wasser	6,75	1,25	1,75	1
Flächenverbrauch	6,75	1,25	1,75	1
Abfall	4,50	1,25	1,75	1
Luftschadstoffe	4,50	2,50	5,25	1
Wasserschadstoffe	4,50	1,25	1,75	1
Hot Spots gesamt	**5,0625**	**1,5625**	**3,0625**	**1**
Schritt 5: Einschätzung der Beeinflussbarkeit				
Beeinflussbarkeit	2	3	1	0
Schritt 6: Ergebnis der Hot-Spot-Analyse mit Priorisierung				
Priorisierung	**10,125**	**4,6875**	**3,0625**	**0**

desto höher der Handlungsbedarf. Mit dieser Form der Analyse kann zumindest herausgearbeitet werden, welche Lebenswegphase eine hohe Umweltrelevanz hat und an welchen Umweltaspekten dort anzusetzen wäre. Details müssten in ausführlicheren Ökobilanzen erhoben werden.

6.1.3 Umgang mit den bindenden Verpflichtungen

Anforderungen der Norm
In Bezug auf die Umweltaspekte muss die Organisation:

- die relevanten bindenden Verpflichtungen und Chancen und Risiken bestimmen, die sich daraus ergeben können (Abschn. 6.1.1)
- auf diese zugreifen können
- bestimmen, welche Regelungen der bindenden Verpflichtungen auf die Organisation anwendbar sind und
- diese im Rahmen des UMS und des KVP umsetzen.

▸▸ **Definition** Bindende Verpflichtungen ist die Terminologie, die in der ISO 14001:2015 für die rechtlichen und anderen Anforderungen genutzt wird. Bindende Verpflichtungen umfassen:

a) rechtliche Verpflichtungen, die die Organisation erfüllen muss. Diese resultieren z. B. ausgeltenden Gesetzen und Vorschriften.

b) andere Anforderungen, die eine Organisation erfüllen muss oder zu deren Erfüllung sich eine Organisation entschließt. Diese resultieren z. B. aus Vertragsbeziehungen oder freiwilligen Verpflichtungen im Rahmen von Vereinbarungen innerhalb der Branche oder mit Stakeholdergruppen (wie z. B. Nachbarn).

Was soll damit erreicht werden?
Umweltrechtliche Regelungen, Vertragsbeziehungen und Vereinbarungen mit Stakeholdergruppen geben den Rahmen vor, innerhalb dessen eine Organisation ihre Tätigkeiten ausüben kann. Dieser Rahmen muss bekannt sein und die sich daraus ergebenen Anforderungen umgesetzt werden.

Hilfestellungen für die Umsetzung in der Praxis
Auch wenn diese Normanforderung sehr kurz gehalten ist, so ist sie aufgrund der Komplexität des Umweltrechts (vgl. Tab. 6.4) sehr umfassend und bezogen auf mögliche juristischer Folgen von großer Bedeutung. Verstöße gegen das Umweltrecht können neben Auflagen und Bußgeldern auch zu Haftungs- und Schadensersatzpflichten der Obersten Leistung für die verantwortlichen Personen führen.

Zur Umsetzung dieser Normanforderung hat es sich in der Praxis bewährt, ein sogenanntes Rechtskataster, oder besser, Kataster der bindenden Verpflichtungen, zu führen.

Tab. 6.4 Beispiele für Rechtsbereiche und sonstige Anforderungen

Rechtsbereiche	Beispiele für Rechtsvorschriften
Allgemeines Recht	Umweltstatistikgesetz (UStatG) Umweltschadensgesetz (USchadG)
Naturschutzrecht	Bundesnaturschutzgesetz (BNatSchG) Landesnaturschutzgesetze
Boden/Altlasten	Bundes-Bodenschutzgesetz (BBodSchG) Bundes-Bodenschutz- und Altlastenverordnung (BBodSchV)
Immissionsschutzrecht	Bundesimmissionsschutzgesetz (BImSchG) Landesimmissionsschutzgesetze und -verordnungen
Energierecht	Erneuerbare-Energien-Gesetz (EEG) Stromsteuergesetz (StromStG) Energiesteuergesetz (EnergieStG)
Abfallrecht	Kreislaufwirtschaftsgesetz (KrWG) Landesabfallgesetze kommunale Abfallwirtschaftssatzungen
Gewässerschutzrecht	Wasserhaushaltsgesetz (WHG) Landeswassergesetze
Gefahrstoffrecht	Chemikaliengesetz (ChemG) Gefahrstoffverordnung (GefStoffV)
Anlagenrecht	Betriebssicherheitsverordnung (BetrSichV)
Arbeits- und Gesundheitsschutz	Arbeitsschutzgesetz (ArbSchG) Arbeitssicherheitsgesetz (ASiG)
Sonstige Anforderungen	**Zum Beispiel …**
Vereinbarungen mit Behörden	Über die Nutzung eigener Brunnen verminderte Prüfzyklen, -vorschriften für Abwasser
Vereinbarungen mit Kunden	Individuelle, kundenspezifische Verpackungen, Rücksendung von Umlaufmaterialien
Freiwillige Prinzipien oder Verfahrensregelungen	Betriebliche Eigenverpflichtungen zum Einsatz von Gefahrstoffen, Hilfsstoffen, Ersatz von Gefahrstoffen
Freiwillige Umweltkennzeichnung oder Selbstverpflichtung hinsichtlich der Produktverantwortung	Konformitätserklärungen zu Produkten und Dienstleistungen

(Fortsetzung)

Tab. 6.4 (Fortsetzung)

Vereinbarungen mit kommunalen Gruppen und Nicht-Regierungs-organisationen	Vereinbarungen zu Produktionsabläufen, -zeiten
Öffentliche Verpflichtungen der Organisation oder Mutterorganisation	Teilnahme an den länderspezifischen Umweltallianzen

▶ **Definition** Das Kataster der bindenden Verpflichtungen ist eine tabellarische kriteriengestützte Zusammenstellung der für die Organisation geltenden rechtlichen Verpflichtungen sowie anderen Anforderungen. Kriterien sind z. B. Name, relevante Paragrafen unternehmerische Handlungspflichten, Verantwortlichkeiten, Termin, Erfüllungsstand.

Es empfiehlt sich, das Kataster nach Rechtsbereichen, wie z. B. Immissionsschutzrecht, Gewässerschutzrecht, Gefahrstoffrecht oder nach Abteilungen zu differenzieren. Pro Rechtsgebiet (oder Abteilung) werden die relevanten Gesetze, Verordnungen und Richtlinien auf EU-, Bundes-, Länder- und kommunaler Ebene erfasst und aus diesen die für die Organisation relevanten Anforderungen (Paragrafen) extrahiert. In einem weiteren Schritt sind daraus die für die Organisation relevanten Handlungspflichten, Verantwortlichkeiten und Termine festzulegen (vgl. Abb. 6.5). Die Benennung von Verantwortlichkeiten für die Umsetzung der ermittelten Handlungspflichten erfordert, dass diese über ihren Verantwortlichkeitsbereich informiert und vor allem geschult werden.

Nicht vergessen werden darf, die Nebenbestimmungen aus Genehmigungsbescheiden entweder bei den jeweiligen Rechtsgebieten oder in einem separaten Blatt nach den o.g. Kriterien zu integrieren.

Gleichermaßen werden die für die Organisation relevanten sonstigen Anforderungen in dem Katastererfasst, diese können u. a. aus der Analyse der Anforderungen der interessierten Parteien abgeleitet werden (vgl. Abschn. 4.2).

Aufgrund der Komplexität sowie der regelmäßigen Überarbeitung und Erweiterung des Umweltrechts ist die systematische und vor allem vollständige Erfassung der rechtlichen Verpflichtungen und sonstigen Anforderungen für die Organisationen eine schwierige Aufgabe: in kleinen Organisationen aufgrund ihrer beschränkten fachlichen, personellen und finanziellen Ressourcen, in großen Organisationen infolge ihrer differenzierten Produktionsprozesse und gegebenenfalls ihrer Produktpalette. Oftmals werden daher externe auf dieses Fachgebiet spezialisierte Berater hinzugezogen oder eigene Rechtsabteilungen beauftragt. Weiterhin können online-Dienste wie z. B. das kostenpflichtige Portal „www.umwelt-online.de" genutzt werden. Diese bieten nicht nur eine Sammlung der

| Regelwerk | Datum | Relevanz | | Anforderungen | Handlungspflichten | | | | Bewertung der Einhaltung | | |
Name Abk.	Letzte Änderung	ja	nein	§	Maßnahmen	Nachweise	Verantwortlich	Termin	Datum	Feststellung (e/ne)*	Festlegung
Altölverordnung AltölV	16.04.200 24.02.2012	x		2 Vorrang der Aufbereitung von Altölen	Bereitstellung gesonderter Altölbehälter mit Beschilderung	Protokoll vierteljährl. Begehung	Abfall-beauftragter	lfd.	04.11.2017	e	-
				4 Verbot Altöl mit anderen Abfällen und untereinander zu vermischen	bez. Mischverbot, regelm. Überprüfung auf Umsetzung						

* e erfüllt
ne nicht erfüllt

Abb. 6.5 Formblatt Rechtskataster

aktuell geltenden Versionen der umweltrechtlichen Vorschriften bis auf Landes-
ebene, sondern auch die Möglichkeit der Führung eines Rechtskatasters und der
Einstellung eines Aktualisierungsdienstes. Weitere Informationsquellen über
rechtliche Anforderungen sind staatliche und behördliche Institutionen, Industrie-
verbände oder Handelsdatenbanken.

Es ist besonders wichtig, den Bereich der bindenden Verpflichtungen regelmäßig zu betrachten. So empfiehlt sich z. B. eine viertel- oder halbjährliche Überprüfung der Aktualität des Katasters der bindenden Verpflichtungen.

6.2 Entwicklung von Umweltzielen und eines Umweltprogramms

Anforderungen der Norm
Mit Bezug auf die Umweltpolitik, die bedeutenden Umweltaspekte, die bindenden Verpflichtungen sowie die Risiken und Chancen muss die Organisation messbare Umweltziele festlegen und diese unterlegen durch:

- Maßnahmen
- erforderliche Ressourcen
- verantwortliche Personen
- Termine und
- eine Erfolgskontrolle anhand von Bewertungskriterien (Kennzahlen) zum
  Nachweis eines KVP

Die Ziele sind intern zu kommunizieren, in regelmäßigen Abständen zu überwachen und bei Bedarf anzupassen. Diese Anforderungen sind durch dokumentierte
Informationen nachzuweisen.

Was soll damit erreicht werden?
Umweltziele und -maßnahmen sollen genau dort ansetzen, wo entsprechend der
Bewertung der Umweltaspekte, der Risiken und Chancen sowie der bindenden
Verpflichtungen der größte Handlungsbedarf besteht. Deshalb sind Umweltziele
und -maßnahmen möglichst bereichs- oder prozessbezogen zu definieren.

Neu ist eine stärkere Fokussierung auf den kennzahlenorientierten Nachweis
der Entwicklung der unternehmerischen Umweltleistung, um die kontinuierliche
Verbesserung messbar zu machen und damit eine höhere Transparenz über die
Entwicklung für interne und externe Stakeholder zu erreichen.

Hilfestellungen für die Umsetzung in der Praxis
Umweltziele und -maßnahmen werden in einem Umweltprogramm systematisiert, dessen Aufbau beispielhaft in Abb. 6.6 dargestellt (siehe auch ISO 14004, A.2, S. 111 f.).

Die Überwachung der Umsetzung der Umweltziele mittels Kennzahlen ermöglicht einen objektiven Nachweis über die erzielte Umweltleistung und zwingt die Organisationen dazu, Ziele und Maßnahmen zu konkretisieren und sich darüber Gedanken zu machen, mittels welcher Kennzahlen sie ihre kontinuierliche Verbesserung nachweisen wollen.

▶ **Definition** Als Kennzahl wird eine messbare Darstellung der Beschaffenheit oder des Status von Betriebsabläufen, Management oder Zuständen verstanden (ISO 14001, Begriffe 3.4.7).

Eine Hilfestellung ist die ISO 14031:2013 Umweltmanagement – Umweltleistungsbewertung – Leitlinien, die Beispiele Umweltzustands-, Managementleistungskennzahlen und operativen Leistungskennzahlen vorschlägt (vgl. für einen Überblick zu diesem Kennzahlensystem Abb. 6.7). Weitere Hinweise gibt die ISO 14004, Kasten 15, S. 69. Es ist aber auch zu beachten, dass es nicht für jedes Ziel möglich sein wird, seine Erfüllung mittels konkreter Zahlen zu messen (z. B. Erhöhung des Umweltbewusstseins der Mitarbeiter).

Ziel (bezogen auf Produktionswert und Referenzzeitraum)	Maßnahme	Ressourcen	Verantwortlich	Termin	Kennzahl
Senkung des Stromverbrauches der Produktionshalle/Produktionsmenge um 5 %	Regelmäßige Leckagenmessung und -beseitigung	2 MA Produktion nach Schichtende jeden letzten Freitag im Quartal	Produktionsleiter	30.9.2017	Stromverbrauch Produktionshalle im Vergleich zum Referenzjahr
Senkung des Wärmeenergieverbrauches um 10 %	Nutzung der Abwärme der Glühöfen für die Hallenheizung	Investition	UMB	30.03.2018	Wärmeenergieverbrauch im laufenden Jahr zum Vorjahr
Reduzierung der gefährlichen Abfälle um 30 %	Umstellung auf ein Kreislauf-Putzlappensystem	Verträge mit Putzlappenlieferant	UMB	30.06.2027	Anteil gefährlicher Abfälle laufendes Jahr zum Vorjahr

Abb. 6.6 Formblatt Ziel- und Maßnahmenkatalog

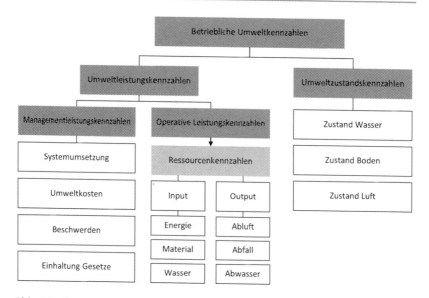

Abb. 6.7 Arten von Umweltkennzahlen nach ISO 14031

Die Unterstützung sicherstellen

7

Im Kapitel „Unterstützung" befinden sich Regelungen zu:

- Ressourcen (Abschn. 7.1)
- Kompetenz (Abschn. 7.2), Bewusstsein (Abschn. 7.3)
- Kommunikation (Abschn. 7.4)
- Dokumentierte Information (Abschn. 7.5).

7.1 Ressourcen bereitstellen

Anforderungen der Norm
Alle erforderlichen Ressourcen für den Aufbau, die Verwirklichung, die Aufrechterhaltung und die fortlaufende Verbesserung des Umweltmanagementsystems sind zu bestimmen und bereitstellen.

Was soll damit erreicht werden?
Das Abschn. 7.1 ist im Prinzip eine Weiterführung der in Abschn. 5.1 und 5.3 definierten Normanforderungen an die Oberste Leitung. Sie trägt die Verantwortung zur Schaffung der materiellen, personellen und finanziellen Voraussetzungen für die Umsetzung des UMS.

© Springer Fachmedien Wiesbaden 2018
J. Brauweiler et al., *Umweltmanagementsysteme nach ISO 14001*,
essentials, https://doi.org/10.1007/978-3-658-20275-0_7

Hilfestellungen für die Umsetzung in der Praxis
Die Oberste Leitung muss die für das UMS erforderlichen Ressourcen bestimmen
und freigeben. Das Ressourcenverständnis ist dabei sehr umfänglich und bezieht
sich auf:

- Personal (Kenntnisse und Fähigkeiten)
- Materielle Ressourcen (Inputs)
- Infrastruktur (Gebäude, Ausrüstungen)
- Technologie (Maschinen, Anlagen, EDV)
- Finanzielle Mittel (Investitionsbudgets)

Die Bestimmung und Bereitstellung der Ressourcen geschieht im Zusammenhang
mit anderen Normanforderungen der ISO 14001, so sind Ressourcen festzulegen
bei der:

- Analyse des Kontextes der Organisation (Kap. 4), der Risiken und Chancen
  oder der Umweltaspekte (Abschn. 6.1)
- Festlegung der Umweltziele und -maßnahmen (Abschn. 6.2.)
- Bei der Festlegung der Verantwortlichkeiten (Abschn. 5.3.) oder im Bereich
  Kompetenz und Bewusstsein (Abschn. 7.2 und 7.3)

Ein Punkt, der in der ISO 14001 (noch) keine Rolle spielt, sind formalisierte
Anforderungen zum Umgang mit der Ressource Wissen. Gerade aber mit Blick
die Bedeutung dieser Ressourcen zur Aufrechterhaltung aller Prozesse sowie im
Zuge der Integration von Managementsystemen (Qualität, Energie, IT-Sicherheit
etc.) können Organisationen sich auch im Rahmen ihres UMS mit diesem Thema
auseinandersetzen. D. h. das erforderliche interne und externe Wissen ist zu identifizieren sowie Prozesse zur Entwicklung und Übergabe des Wissens (z. B. bei
neuen Produktionsprozessen oder im Zuge von Personalwechsel) zu etablieren.

7.2   Kompetenz entwickeln

Aufgrund des inhaltlichen Zusammenhangs wird dieses Kapitel gemeinsam mit
Abschn. 7.3 besprochen.

7.3   Bewusstsein aufbauen

Aufgrund des Zusammenhanges beider Normanforderungen werden die Abschn. 7.2 und 7.3 gemeinsam betrachtet.

Anforderungen der Norm
Für alle für die Organisation arbeitenden Personen ist:

* die erforderliche Kompetenz zu bestimmen und
* sicherzustellen, dass sie entsprechend kompetent sind

Dafür muss die Organisation (Abschn. 7.2):

1. die erforderliche Kompetenz bestimmen,
2. daraus den Schulungsbedarf ableiten und einen Schulungsplan erstellen
3. Schulungen durchführen und die Wirksamkeit der Schulungen bewerten

Die für die Organisation arbeitenden Personen müssen kennen (Abschn. 7.3), die:

* Umweltpolitik
* bedeutenden Umweltaspekte und -auswirkungen ihrer Tätigkeiten
* Ansatzpunkte für umweltgerechtes Verhalten in ihrem Tätigkeitsbereich (Beitrag für die unternehmerische Umweltleistung und Vorteile einer verbesserten Umweltleistung)
* Negativen Umweltfolgen bei Nichtumsetzung der festgelegten Anforderungen des UMS, wie z. B. der bindenden Verpflichtungen.

Was soll damit erreicht werden?
Während Abschn. 7.2 definiert, dass die für die Organisation arbeitenden Personen gemäß ihrer Tätigkeit geschult werden müssen, umfasst Abschn. 7.3 zu vermittelnde Mindestinhalte zum UMS für alle Mitarbeiter. Dadurch soll gewährleistet werden, dass alle Personen,

* die unter Aufsicht der Organisation arbeiten
* die Erfüllung der Umweltleistung der Organisation und
* die Erfüllung der bindenden Verpflichtungen der Organisation beeinflussen

das erforderliche Wissen haben, um in ihrem Aufgabenbereich umweltorientiert zu handeln. Damit sind explizit also nicht nur Personen gemeint, die operative Tätigkeiten ausüben von denen bedeutende Umweltaspekte ausgehen, sondern auch Personen, die eine Funktion oder Rolle einnehmen, die für das UMS wichtig ist (wie z. B. die Oberste Leitung oder die Führungskräfte).

Hilfestellungen für die Umsetzung in der Praxis
Die Organisation muss zunächst bestimmen, welches die für sie arbeitenden Personen sind. Diese kommen i. d. R. aus folgenden Personengruppen:

* Mitarbeiter aller Ebenen und unabhängig vom Beschäftigungsverhältnis, also auch Leiharbeiter, Praktikanten sowie die Oberste Leitung, Führungskräfte
* Kontraktoren (Dienstleister wie Reinigungs-, Bau-, Instandhaltungsfirmen)
* Unterauftragnehmer, Lieferanten, Transportunternehmen

und (sofern relevant):

* Besucher u. a. Gäste

In einem sich kontinuierlich wiederholenden Prozess sind die oben genannten 3 Schritte abzuarbeiten.

1. Die erforderlichen Kompetenzen bestimmen

Die notwendigen Kompetenzen einer Stelle sind in der Regel in der Stellenbeschreibung fixiert und ergeben sich aus:

* den Arbeitsaufgaben (Maschinen, Prozesse, Stoffe)
* ihrer Rolle (z. B. bei Ernennung)
* ihrer hierarchischen Einordnung im Unternehmen (z. B. Vorgesetzten- oder Mitarbeiterpflichten)

Kasten 17, S. 71 der ISO 14004 gibt Beispiele für erforderliche Kompetenzen, differenziert nach typischen Rollen im UMS. Sehr übersichtlich werden die erforderlichen Kompetenzen in einer Kompetenzmatrix zusammengestellt (vgl. Abb. 7.1).

2. Schulungsplan erstellen

Auf Basis der erforderlichen Kompetenzen sowie weiterer Inputs wie z. B:

* Rechtliche Anforderungen
* Anforderungen neuer Prozesse, Anlagen, Stoffe
* Unfällen/Vorfällen

Kompetenzmatrix			Schulungsplan				Bewertung	
Name	Tätigkeit	Erforderliche Kompetenzen	Notwendige Schulungen	Termin	Dozent/ Ausrichter		Bewertung Schulungserfolg	Wiederholungs- schulung durchgeführt am:
ABC	Umweltmanagement- beauftragter	Umweltrecht UMS Best available Technology	Erstschulung UMB Auffrischung Umweltrecht	10/17				
XYZ	Laborleiter	Gefahrstoffmanagement Gefährdungsbeurteilung	Gefahrstoffe AMS	1/18				

Abb. 7.1 Formblatt Kompetenzmatrix und Schulungsplan

- Eigeninitiativen des Mitarbeiters z. B. im Rahmen von Mitarbeitergesprächen
- Auditfeststellungen

kann der Schulungsbedarf für diese Stelle abgeleitet und die Kompetenzmatrix als Schulungsplan erweitert werden (natürlich können Kompetenzmatrix und Schulungsplan auch als separate Dokumente geführt werden). Für den Schulungsplan sind Termine und Verantwortlichkeiten für die einzelnen Schulungen sowie die Nachweisführung festzulegen (vgl. Abb. 7.1). Oftmals ist es zweckmäßig, die Erfassung der Kompetenzen und die Planung der Schulungen abteilungsspezifisch durchzuführen.

Neben den erforderlichen stellenbezogenen Schulungen sind bei der Schulungsplanung die Normanforderung aus Abschn. 7.3 zu beachten, d. h. alle Mitarbeiter müssen mindestens geschult werden über die Umweltpolitik, die bedeutenden Umweltaspekte und -auswirkungen ihrer Tätigkeiten, Ansatzpunkte für umweltgerechtes Verhalten in ihrem Tätigkeitsbereich und negative Umweltfolgen bei Nichtumsetzung der festgelegten Anforderungen des UMS. Einzelne Punkte wie die Umweltpolitik, aber auch die Verantwortlichkeiten, die Umweltziele können allen Mitarbeitern gleichermaßen, z. B. im Rahmen einer jährlich wiederkehrenden Informationsveranstaltung zum UMS vermittelt werden. Die Bewusstseinsbildung über die für den Tätigkeitsbereich relevanten Umweltaspekte und Handlungsansätze müssen i. d. R. zielgruppenspezifisch (z. B. nach Produktionsbereich oder nach Maschinen/Anlagen, Stoffen) geplant werden.

3. Schulungen durchführen und die Wirksamkeit der Schulungen bewerten

Die Durchführung jeder Schulung ist zu dokumentieren, entweder über Teilnehmerlisten oder entsprechende Zertifikate.

7.4   Intern und extern kommunizieren

Anforderungen der Norm
Die Organisation muss für die interne und externe Kommunikation einen Prozess festlegen, der enthält:

- worüber
- wann
- mit wem
- wie

kommuniziert wird.

Unabhängig davon muss sie auf relevante Äußerungen der Anspruchsgruppen reagieren und, soweit angemessen, dokumentierte Informationen als Nachweis für ihre Kommunikation aufbewahren.

Was soll damit erreicht werden?
In der ISO 14001:2015 wurden die Anforderungen an die Kommunikation konkretisiert. Zum einen muss ein Kommunikationsprozess definiert werden, zum anderen wird die externe Kommunikation nicht mehr ausgeschlossen, sondern bei bestimmten Normanforderungen vorgeschrieben.

Hilfestellungen für die Umsetzung in der Praxis
Tab. 7.1 gibt einen Überblick darüber, welche Inhalte laut Norm mindestens intern und extern zu kommunizieren sind.

Entsprechend der Ausrichtung des UMS können diese Mindestkommunikationsinhalte noch durch eigene Schwerpunkte ergänzt werden. Zur Systematisierung der Kommunikationsinhalte, -instrumente, -termine und Zielgruppen empfiehlt es sich, eine Kommunikationsmatrix anzulegen (vgl. Abb. 7.2), differenziert nach:

- Interner Kommunikation, also zwischen den verschiedenen Ebenen und Funktionsbereichen der Organisation und
- Externer Kommunikation zu den Anspruchsgruppen (z. B. Behörden, Kunden, Zulieferer, Nachbarn)

Die ISO 14063: „Umweltmanagement – Umweltkommunikation – Anleitungen und Beispiele" gibt Anleitungen und Beispiele für die Festlegung von Grundsätzen, Politik und Strategien der internen als auch externen Umweltkommunikation und zahlreiche Beispiele für interne und externe Kommunikationsinstrumente.

Um die Anfragen der Anspruchsgruppen und die Reaktion darauf transparent nachweisen zu können, ist es zweckmäßig, diese ebenfalls in einem Formblatt zu dokumentieren (vgl. Abb. 7.3).

7.5   Dokumentierte Informationen nachweisen

Anforderungen der Norm
Im UMS sind zu dokumentieren, die:

a) von der Norm geforderten Informationen und
b) Informationen, die die Organisation als notwendig für die Wirksamkeit des UMS bestimmt.

Tab. 7.1 Geforderte Kommunikationsinhalte nach ISO 14001:2015. (Quelle: ISO 14004:2016, S. 79)

Normkap.	Geforderte Kommunikations-/Informationsinhalte	Int.	Ext.
4.3	Anwendungsbereich ist interessierten Parteien zur Verfügung zu stellen	X	X
5.1	OL soll Bedeutung des UMS und die Wichtigkeit der Erfüllung der Anforderungen des UMS kommunizieren	X	
5.2	Umweltpolitik allen Mitarbeitern bekannt machen	X	
5.2	Umweltpolitik ist interessierten Parteien zur Verfügung zu stellen		X
5.3	Verantwortlichkeiten und Befugnisse für relevante Rollen vermitteln	X	
6.1	Die bedeutenden UA sind in den verschiedenen Ebenen und Funktionsbereichen zu kommunizieren	X	
6.2.1	Die Umweltziele müssen vermittelt werden	X	
7.4.1	Organisation muss auf relevante Äußerungen interessierter Kreise reagieren		X
7.4.2	Für das UMS relevante Informationen und Änderungen sind in den verschiedenen Ebenen und Funktionsbereichen zu kommunizieren	X	
7.4.3	Für das UMS relevante Informationen sollen etxern kommuniziert werden		X
8.1	Relevante Umweltanforderungen der Organisation sind an externe Anbieter einschließlich Auftragnehmer zu kommunizieren		X
8.2	Interessenten sind Informationen über das Notfallmanagement zu kommunizieren und Schulungen anzubieten		X
9.1.1	Informationen, die für die Umweltleistung relevant sind, sind intern und extern zu kommunizieren	X	X
9.2	Ergebnisse interner Audits sind an die Oberste Leitung weiterzugeben	X	

Es müssen Regelungen für die Erstellung und Aktualisierung der dokumentierten Informationen festgelegt werden, dazu gehören:

- Kennzeichnung und Beschreibung (z. B. Titel, Datum, Autor oder Referenznummer)
- Format (z. B. Sprache, Softwareversion, Grafiken) und Medium (z. B. Papier, elektronisch)
- Überprüfung und Genehmigung

Worüber	Wann	Mit wem	Wie	Verantwortlich	Nachweis
Interne Kommunikation					
Umweltorientierte Stoff-, Prozess-, Anlagenregelungen	Bei Einsatz	alle Mitarbeiter	Verfahrens-, Arbeits- oder Betriebsanweisung per Auhang	UMB	Anweisungsnr. und Revisionsstand
Umweltaspekte, - ziele, -maßnahmen	vierteljährlich	alle Mitarbeiter	Aushang Halle 2	UMB	Aushang Nr. xx/2017
Verantwortlichkeiten im UMS					
Externe Kommunikation					
Anwendungsbereich	Jährlich	Interessierte Kreis	Internet	UMB	Internetseite
Umweltpolitik					
Umweltanforderungen an Auftragnehmer	Bei Vertragsabschluss	Alle Auftragnehmer	Formblatt Fremdfirmen-koordination	Fremdfirmen-koordinator	Forbmlattr. und – revisionsstand

Abb. 7.2 Formblatt Kommunikationsmatrix

Relevante Äußerung			Reaktion		
Wann	Wer	Form	Wann	Wer	Form
15.6.2018	Nachbar xy	Beschwerde nächtlicher Produktionslärm	20.6.2017	UMB	Persönliches Gespräch mit Gesprächsprotokoll
30.9.2017	Umweltamt	Anfrage Abwassermessergebnisse wegen festgestellter Flussverunreinigung	5.10.2017	UMB	Übersendung monatlicher Abwasserprüfberichte Außerplanmäßige Messung und Übersendung Prüfbericht

Abb. 7.3 Formblatt Dokumentation relevanter Äußerungen von Stakeholdern

Sowohl interne als auch externe dokumentierte Informationen müssen gelenkt werden, d. h. es müssen Regelungen festgelegt werden für:

- die Verteilung, den Zugriff, die Verwendung
- die Ablage, Speicherung, Erhaltung
- den Datenschutz
- die Aktualisierung.

Was soll damit erreicht werden?
Wichtige Regelungen im UMS müssen dokumentiert werden, um Aufbau, Funktionsweise und Umsetzungsstand des UMS objektiv nachvollziehen zu können. Es wird dabei unterschieden in:

- Vorgabedokumente (z. B. Prozessbeschreibungen/Verfahrensanweisungen)
- Nachweisdokumente (Aufzeichnungen wie ausgefüllte Formblätter oder Checklisten)
- Betriebsdokumente (z. B. Organigramm, Lagepläne)
- externe Dokumente (z. B. Informationen von Vertragspartnern, externen Beauftragten, Normen)

Es gilt die Regel, nur was dokumentiert ist, ist nachprüfbar. Damit kommt der Dokumentation im Rahmen von internen und externen Audits eine wichtige Rolle zu.

Hilfestellungen für die Umsetzung in der Praxis
Seit der Revision der ISO 14001 wird nicht mehr zwischen Dokumenten und Aufzeichnungen unterschieden, sondern dafür der Begriff „Dokumentierte Informationen" eingeführt.

Die Norm gibt an verschiedenen Punkten vor, welche dokumentierten Informationen vorzuhalten sind. Tab. 7.2 zeigt die Mindestdokumentation, die in einer Organisation vorhanden sein muss.

Diese dokumentierten Informationen werden i. d. R. ergänzt um Informationen, die die Organisation als notwendig für die Wirksamkeit des UMS bestimmt.

Dokumentierte Informationen können unterschiedlicher Art sein. So kann z. B. der Punkt 6.1.2 „Bedeutende Umweltaspekte sowie Kriterien zu deren Bestimmung" durch eine Verfahrensanweisung geregelt werden, in der festgelegt wird, welche Umweltaspekte, in welcher Form, wie häufig erfasst und ausgewertet werden. Ein Formblatt dient dann der eigentlichen Erfassung und Auswertung.

Tab. 7.2 Geforderte dokumentierte Informationen nach ISO 14001:2015. (Quelle: ISO 14004, S. 83)

Normkap.	Art der dokumentierten Information
4.3	Anwendungsbereich des UMS
5.2	Umweltpolitik
6.1.1	Ermittelte Risiken und Chancen, abgeleitete Maßnahmen
6.1.1–6.1.4	Erforderliche Prozesse zur Umsetzung der Normanforderung
6.1.2	Bedeutende Umweltaspekte, damit verbundene Umweltauswirkungen, Kriterien zu deren Bestimmung
6.1.3	Bindende Verpflichtungen und unternehmerische Handlungspflichten
6.2.1	Umweltziele
7.2	Erforderliche Kompetenzen Schulungsnachweise
7.4	Kommunikationsprozess Nachweise der internen und externen Kommunikation
7.5	Regelungen zur Erstellung und Lenkung der Dokumente
8.1	Prozesse der betrieblichen Steuerung
8.2	Regelungen des Notfallmanagements/Notfallpläne
9.1.1	Ergebnisse der Überwachung, Messung, Analyse und Bewertung der Umweltleistung
9.1.2	Ergebnisse der Bewertung der Einhaltung der bindenden Verpflichtungen
9.2	Nachweise der internen Auditierung (Auditprogramm, Auditplan) Auditergebnisse
9.3	Ergebnisse der Management-Bewertung
10.2	Ermittelte Nichtkonformitäten, deren Ursachen, abgeleitete Maßnahmen, Ergebnisse der Korrekturmaßnahmen

Ergänzt werden kann dies durch ein Handbuchkapitel, welches allgemeine Ziele zum Umgang mit den Umweltaspekten enthält.

Bei der Dokumentation des UMS beginnt eine Organisation i. d. R. nicht bei „Null", sondern kann auf der QMS-Dokumentation aufbauen, da die ISO 9001 ebenfalls bestimmte dokumentierte Informationen vorschreibt. Es ist hier also zu prüfen, für welche Bereiche Regelungen im Handbuch, durch Verfahrensanweisungen oder Formblätter schon vorliegen und welche Bereiche neu geregelt werden müssen. Tab. 7.3 gibt hierfür Beispiele.

Für interne und externe dokumentierte Informationen müssen Regeln für deren Erstellung und Lenkung definiert werden. Diese werden i. d. R. ebenfalls in

Tab. 7.3 Beispiele für zu ergänzende und neu zu erstellende dokumentierte Informationen

Normanforderungen mit zu ergänzenden dokumentierten Informationen	Normanforderungen mit neu zu erstellende dokumentierte Informationen
• Interne und externe Themen • Stakeholder • Anwendungsbereich • Führung • Politik • Rollen, Verantwortlichkeiten, Befugnisse • Risiken und Chancen • Ziele und -programm • Kompetenz/Bewusstsein • Kommunikation • Dokumentation • Betriebliche Planung und Steuerung (Lieferantenmanagement, Fremdfirmenkoordination) • Notfallvorsorge, Gefahrenabwehr • Überwachung, Messung, Analyse, Bewertung • Internes Audit • Managementbewertung • Verbesserung	• Umweltaspekte • Bindende Verpflichtungen • Betriebliche Planung und Steuerung (ausgewählte Prozesse wie z. B. Energie-, Wasser-, Abwasser-, Abfallmanagement, Gefahrstoffmanagement)

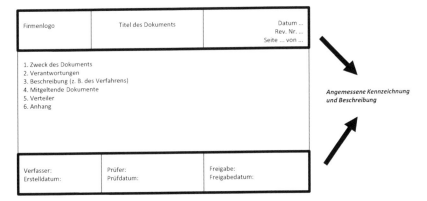

Abb. 7.4 Normgerechte Kennzeichnung dokumentierter Informationen

Verfahrensanweisungen festgelegt und sind zum großen Teil auf den Dokumenten
selber in deren Kopf- und Fußzeile erkennbar (siehe Abb. 7.4).

Zur Systematisierung aller dokumentierten Informationen empfiehlt es sich,
eine Dokumentenmatrix anzulegen. Aus dieser wird der Aufbau der gesamten
UMS-Dokumentation, die pro Gliederungspunkt mitgeltenden Dokumente sowie
Regelungen zur Lenkung der Dokumente deutlich. Das Formblatt in Abb. 7.5 gibt
ein Beispiel für Kap. 6 der ISO 14001. Ob neben den Verfahrensanweisungen die
Oberpunkte der Gliederung für Beschreibungen in Form von Handbuchkapiteln
genutzt werden, muss jede Organisation für sich entscheiden. Grundsätzlich gilt,
dass die Dokumentation so gering wie nötig, aber so aussagefähig wie möglich zu
halten ist.

Angemessene Lenkung dokumentierter Informationen

Inhalt Dokumentation			GF	UMB	erstellen/ ändern	prüfen/ freigeben	archivieren	Dauer
Typ Dokument	Nr. Dokument	Titel Dokument						
6. Planung								
6.1 Risiken und Chancen								
VA	6.1.-1	Ermittlung und Bewertung der Risiken/Chancen						
FB	6.1.-1	Risiko- und Chancenanalyse						
6.2 Umweltaspekte								
VA	6.2.-1	Umweltaspekte						
FB	6.2.-1	Erfassung Umweltaspekte und Kennzahlen						
	6.2.-2	Bewertung der Umweltaspekte						
6.3 Bindende Verpflichtungen								
VA	6.3.-1	Ermittlung und Bewertung bindender Verpflichtungen						
FB	6.3.-1	Kataster der bindenden Verpflichtungen						
6.4 Umweltzieleund -programm								
FB	6.4.-1	Umweltziele und -programm						

Abb. 7.5 Formblatt Aufbau einer Dokumentenmatrix. (VA = Verfahrensanweisungen, FB = Formblatt)

Kap. 8 umfasst Anforderungen für die Planung und Steuerung der für das UMS erforderlichen betrieblichen Prozesse und das Notfallmanagement.

8.1 Umweltrelevante Prozesse planen und steuern

Anforderungen der Norm

Wichtige UMS-relevante Prozesse müssen nach festgelegten betrieblichen Kriterien geplant und gesteuert werden. Dies betrifft die:

a) Berücksichtigung der Umweltanforderungen beim Entwicklungsprozess der Produkte oder Dienstleitungen unter Berücksichtigung jedes Lebenswegabschnitts
b) Bestimmung von Umweltanforderungen für die Beschaffung von Produkten und Dienstleistungen
c) Steuerung oder Beeinflussung ausgegliederter Prozesse
d) Kommunikation der definierten Umweltanforderungen an externe Vertragspartner
e) Bereitstellung von Informationen über mögliche bedeutende Umweltauswirkungen im Zusammenhang mit Transport/Lieferung, Nutzung, Behandlung am Ende des Lebenswegs und endgültigen Beseitigung der Produkte und Dienstleistungen

Für die Regelungen der unter a)-e) genannten Prozesse müssen dokumentierte Informationen vorliegen.

© Springer Fachmedien Wiesbaden 2018
J. Brauweiler et al., *Umweltmanagementsysteme nach ISO 14001*,
essentials, https://doi.org/10.1007/978-3-658-20275-0_8

69

Um feststellen zu können, ob ein Prozess die Bedingungen eines ausgelager-
ten Prozesses erfüllt, können folgende Kriterien genutzt werden (vgl. ISO 14004,
S. 88): Die Funktion oder der Prozess

* ist fest in die Funktionsabläufe der Organisation eingebunden,
* wird für das UMS benötigt,
* obliegt in der Haftung bei der Organisation
* wird von den interessierten Parteien als in der Verantwortung der Organisation
  wahrgenommen.

Was soll damit erreicht werden?

Umweltrelevante Prozesse sollen nach definierten, dokumentierten und kontrol-
lierbaren Bedingungen ablaufen, um zu gewährleisten, dass schädliche Umweltauswirkungen der Produkte oder Dienstleistungen reduziert oder zumindest
kontrolliert werden.

Die Anforderungen für den Umgang mit den Prozessen wurden in der ISO
14001:2015 mit Bezug auf eine stärkere Fokussierung auf den Lebensweg ver-
schärft. Das Ausmaß der Regelungen, also ob die Organisation den Prozess steuern oder nur beeinflussen kann oder gar keine Handlungsmöglichkeit hat, muss
die Organisation unter Berücksichtigung des definierten Kontextes, der ermittelten wesentlichen Umweltaspekte, der bindenden Verpflichtungen sowie Chancen
und Risiken plausibel bestimmen.

Hilfestellungen für die Umsetzung in der Praxis

Um die Prozesse planen und steuern zu können ist es zunächst erforderlich, sich
einen Überblick über die Prozesse zu verschaffen. Hierzu wird im Rahmen von
Managementsystemen das Instrument der Prozesslandkarte (PLK) benutzt, bei
der die betrieblichen Prozesse nach Management-, Wertschöpfungs- und unter-
stützenden Prozessen differenziert und visualisiert werden. Wenn die Organisation über ein zertifiziertes QMS verfügt, ist die Prozessübersicht/-landkarte
i. d. R. schon vorhanden. Sofern die Entwicklung in der eigenen Organisation
stattfindet, sind die unter a) und b) genannten Prozesse dort zu finden. Es ist dann
zu überlegen:

a) Welche weiteren in der Organisation stattfindenden Prozesse umweltrelevant
   sind und geregelt werden müssen (z. B. die Herstellung) und
b) Welche sich aus dem UMS ergebenen Prozesse in der PLK zu ergänzen sind
   (z. B. Identifikation und Bewertung der Umweltaspekte, Rechtskonformität,
   ggf. auch Abfall-, Abwasser-, Energiewirtschaft).

Abb. 8.1 visualisiert eine entsprechend erweiterte PLK. Dies ist zweckmä-ßig, um auf einen Blick einen Überblick über alle aus Umweltsicht zu regelnden Prozesse zu haben. Alternativ können die Prozesse c)-e) natürlich auch über ein zweites Schaubild dokumentiert werden.

Die Art der Regelung des Prozesses hängt von der Art des Prozesses und dem Einflusspotenzial ab. Tab. 8.1 gibt einen Überblick über mögliche Steuerungs- bzw. Einflussmöglichkeiten für die unter a) bis e) genannten Prozesse.

8.2 Notfallvorsorge und Gefahrenabwehr regeln

Anforderungen der Norm
Die Organisation muss:

- zur Gefahrenabwehr Notfallpläne entwickeln
- auf eingetretene Notfallsituationen reagieren und angemessene Maßnahmen ergreifen
- regelmäßig Notfallübungen durchführen
- regelmäßig die Prozesse und geplanten Maßnahmen überprüfen, insbesondere nach dem Auftreten einer Notfallsituation oder Übung
- interessierten Parteien und den im Auftrag arbeitenden Personen Informationen über das Notfallmanagement zur Verfügung stellen

Für diese Prozesse müssen dokumentierte Informationen vorliegen.

Was soll damit erreicht werden?
Im Rahmen eines UMS sollen nicht nur Prozesse des laufenden Betriebes, son-dern auch mögliche „abnormale" Situationen geregelt werden, um die dabei mög-licherweise auftretenden schädlichen Umweltauswirkungen so weit wie möglich zu begrenzen.

Hilfestellungen für die Umsetzung in der Praxis
Im Prinzip handelt es sich hier um eine aus dem Arbeitsschutz oder Imissions-schutzrecht für alle Organisationen bekannte Forderung (§ 4 Abs. 4 ArbStättV, Technischen Regel für Arbeitsstätten ASR A2.3, 13. BImschV Störfallverord-nung). Somit sind in den Organisationen i. d. R. Notfallpläne für typische Notfall-situationen wie z. B.:

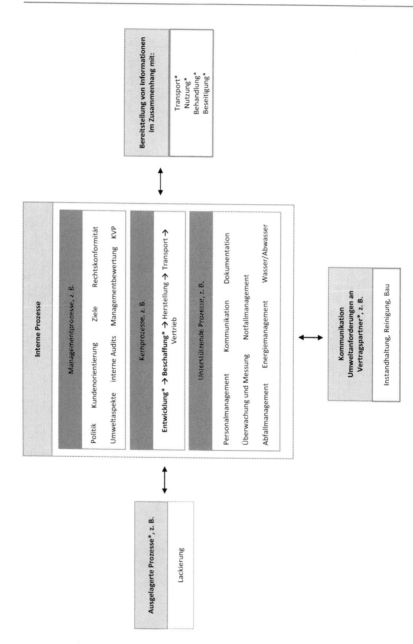

Abb. 8.1 Prozesslandkarte mit zu regelnden Prozessen in der betrieblichen Planung und Steuerung (Markiert mit *)

Tab. 8.1 Mögliche umweltbezogene Prozessregelungen

Zu regelnde Prozesse	Art der Regelung	Beeinflussungspotenzial
a) Entwicklung	• Dokumentierte Verfahren, Verträge oder Vereinbarungen mit Lieferanten (z. B. Festlegung von Grenzwerten, Einsatzstoffen, Nachweis einer Zertifizierung nach ISO 14001) • Durchführung von umweltbezogenen Lieferantenbefragungen oder -audits	Je nach Stellung in der Wertschöpfungskette
b) Beschaffung	• s. o. und • Verfahrensanweisung „umweltorientierte Beschaffung" (ggf. differenziert nach Produktgruppen)	Je nach Stellung in der Wertschöpfungskette
c) Ausgelagerter Prozesse	• Kommunikation der Umweltpolitik, -ziele, bindenden Verpflichtungen sowie der Kriterien an Vertragspartner im Rahmen von Vertragsschließung	Beeinflussbar
d) Kommunikation definierter Umweltanforderungen an externe Vertragspartner	• Sicherheitsmerkblätter für Fremdfirmen über Regelungen/ Standards im UMS/AMS im Rahmen der Vertragsschließung • Unterweisung der Fremdfirmen vor Arbeitsaufnahme • Kommunikation der Umweltpolitik, -ziele, bindenden Verpflichtungen sowie der Kriterien an Lieferanten im Rahmen von Vertragsschließung	Je nach Stellung in der Wertschöpfungskette
e) Bereitstellung von Umweltinformationen im Zusammenhang mit – Transport'/Lieferung – Nutzung – Behandlung am Ende des Lebenswegs – endgültigen Beseitigung	• Bereitstellung von Einsatzstoff- oder Produktinformationen für Verbraucher • Rücknahmeverpflichtungen, -gemeinschaften	Je nach Branche

- Not-/Störfälle (z. B. Brand, Austreten gefährlicher Stoffe, Explosionen, Zerknall, Wassereinbruch, Einsturz)
- Unfälle mit Personenschaden (z. B. Absturz, Wegeunfälle)
- Ausfälle/Probleme an Anlagen, Maschinen, Fahrzeugen (z. B. defekte Schutzvorrichtungen, Transportunfall)
- Notfälle durch externe Personen (z. B. kriminelle Akte)
- Folgen von Naturereignissen (z. B. Erdbeben, Hochwasser, Starkregen, Sturm)

vorhanden. Die Einführung eines UMS ist ein guter Anlass, um die diesbezüglichen Regelungen in folgender Weise regelmäßig auf Vollständigkeit und Aktualität zu prüfen:

- Veränderungen bei möglichen Notfallsituationen?
- Aktualität der Ansprechpartner, Prozesse, Maßnahmen, Ausstattung (z. B. Feuerlöscher, Erste-Hilfe-Kästen)?
- Gesetzeskonforme Umsetzung der Gefahrenabwehrmaßnahmen (z. B. Beschilderung, Sammelplätze, freie Fluchtwege)?
- Durchführung Unterweisungen/Schulungen für alle Personen, insbesondere neue Mitarbeiter, Fremdfirmen, Besucher?
- Interne Kommunikation der Regelungen und Verantwortlichkeiten?
- Externe Kommunikation mit benachbarten Organisationen und Hilfseinrichtungen?
- Durchführung von Notfallübungen?

Hierbei sind keine für das UMS spezifischen Regelungen zu treffen, sondern vielmehr auf die Regelungen aus dem Arbeitsschutz zurückzugreifen.

Die Leistung bewerten 9

Kap. 9 umfasst Aufgaben der Überprüfung des UMS. Dazu zählen:

- Überwachung, Messung, Analyse und Bewertung umsetzen (Abschn. 9.1)
- Intern auditieren (Abschn. 9.2)
- Die Managementbewertung durchführen (Abschn. 9.3)

9.1 Überwachung, Messung, Analyse und Bewertung umsetzen

Anforderungen der Norm

Die Anforderungen beziehen sich auf zwei Bereiche:

1. Die Umweltleistung ist zu überwachen, zu messen, zu analysieren und zu bewerten. Dazu ist festzulegen:
   - was, wann, mit welchen Methoden überwacht, gemessen, analysiert und bewertet wird (dabei ist auf kontrollierte Bedingungen wie kalibrierte Messgeräte, Anwendung von Messstandards, Einsatz von kompetenten Personal und Qualitätskontrolle zu achten)
   - Bewertungskriterien, anhand derer die Umweltleistung bewertet wird, und angemessene Umweltkennzahlen

Die für die Umweltleistung relevanten Informationen müssen intern als auch extern kommuniziert werden – so wie es im Kommunikationsprozess ausgewiesen und aufgrund der bindenden Verpflichtungen erforderlich ist.

© Springer Fachmedien Wiesbaden 2018
J. Brauweiler et al., *Umweltmanagementsysteme nach ISO 14001*,
essentials, https://doi.org/10.1007/978-3-658-20275-0_9

2. Die Konformität mit den gesetzlichen und sonstigen bindenden Verpflichtungen ist zu bewerten. Die Organisation muss dazu:
   - festlegen, wie häufig die Einhaltung der Verpflichtungen bewertet wird,
   - die Einhaltung ihrer Verpflichtungen bewerten und bei Abweichungen Maßnahmen ergreifen,
   - ihren Status hinsichtlich der Einhaltung der Verpflichtungen kennen und einschätzen.

Für beide Bereiche müssen dokumentierte Informationen vorliegen.

Was soll damit erreicht werden?

Die über die vorangegangenen Normanforderungen im betrieblichen UMS festgelegten Prozesse und Aktivitäten sollen regelmäßig überprüft werden. Dazu müssen diese nach vorgegebenen Kriterien überwacht, gemessen, analysiert und bewertet werden. Die Überprüfung bezieht sich somit sowohl auf die Umweltaspekte, wie auch auf die Umweltziele, die Rechtskonformität, organisatorische oder prozessuale Festlegungen oder auf die Funktionsfähigkeit der Infrastruktur (Maschinen und Anlagen).

Die in Punkt 1 geforderte Kennzahlenfokussierung wurde durch die Revision der Norm neu eingebracht und soll bewirken, den internen und externen Stakeholdern die im UMS geforderte und erreichte kontinuierliche Verbesserung quantitativ nachweisen zu können.

Hilfestellungen für die Umsetzung in der Praxis

Festlegungen zur Überwachung, Messung, Analyse und Bewertung sind am besten bei den jeweiligen Normanforderungen zu regeln und in den in diesem *essential* vorgestellten Formblättern dort wo möglich schon enthalten. Sehr gut kann dies am Beispiel der Umweltaspekte und der bindenden Verpflichtungen erläutert werden.

Im Formblatt in Abb. 6.2 werden die Umweltaspekte erfasst und bewertet. Durch die letzte Spalte wird die Entwicklung des Umweltaspekts mittels einer Kennzahl gemessen und überwacht. Diese wird regelmäßig analysiert und bewertet.

Im Formblatt in Abb. 6.3 werden die bindenden Verpflichtungen erfasst. Mittels der letzten drei Spalten wird die Einhaltung der rechtlichen und anderen Vorschriften geprüft und bei Abweichungen Maßnahmen, Termine und Verantwortlichkeiten definiert.

In gleicher Weise kann die Überwachung, Messung, Analyse und Bewertung auch in die dokumentierten Informationen der anderen Normanforderungen integriert werden, z. B.

- Kap. 4: regelmäßige Aktualisierung und Bewertung der Kontext- und Stakeholderanalyse,
- Kap. 5: Regelmäßige Überprüfung der Aktualität der Umweltpolitik, Rollen, Verantwortlichkeiten und Befugnisse
- Kap. 6: regelmäßige Aktualisierung und Bewertung der Chancen und Risiken, Umweltaspekte, Rechtskonformität, Umweltziele und -maßnahmen
- Kap. 7: Messung der vermittelten Kompetenz im Rahmen durchgeführter Schulungen, regelmäßige Überwachung des Umsetzungsstatus interner und externer Kommunikationsmaßnahmen, regelmäßige Überprüfung der Aktualität und Passfähigkeit der dokumentierten Informationen
- Kap. 8: regelmäßige Überprüfung der Aktualität und Passfähigkeit der Festlegungen zur Prozesslenkung
- Kap. 9: regelmäßige Durchführung interner Audits und des Management-Reviews
- Kap. 10: kontinuierliche Umsetzung identifizierter Korrekturmaßnahmen.

Das heißt, es sollten hier nicht neue Überwachungs-, Messungs-, Analyse- und Bewertungskriterien definiert, sondern diese in die vorab definierten Prozesse integriert und hier übergreifend analysiert werden. Wichtig ist, sich einen Überblick über alle zu überprüfenden Prozesse und Aktivitäten zu verschaffen, z. B. durch einen Überwachungskalender (vgl. Abb. 9.1). Dieser kann um weitere Informationen, wie z. B. die Überwachung der technischen Infrastruktur, ergänzt werden, die oftmals über den Bereich Arbeitsschutz im Rahmen von Wartungsplänen umfassend geregelt ist. Auf diese Weise ist auch ein guter Überblick über die in der Organisation verwendeten Kennzahlen, ihre Überführung in ein Kennzahlensystem (vgl. Abb. 6.7) und ihre Bewertung möglich.

9.2 Intern auditieren

Anforderungen der Norm

In regelmäßigen Abständen sind interne Audits durchzuführen um zu prüfen, ob das UMS den Anforderungen der ISO 14001 und gemäß den Festlegungen funktioniert und gelebt wird. Unter Berücksichtigung der Umweltrelevanz und der

Tätigkeiten/Aspekte	Dokumentierte Informationen, z. B.	Kennzahl	Termin	Verantwortlich
• Erhebung und Auswertung von Daten zu den Umweltaspekten, Ermittlung und Zeitreihenvergleiche von Umweltkennzahlen	Umweltaspekte und Kennzahlen Lieferantenbewertung Abfallbilanz Energetische Ausgangsbasis Gefahrstoffkataster			
• Umsetzung der Umweltziele und -maßnahmen	Umweltziele und -programm			
• Umweltbewusstsein und -verhalten der Mitarbeiter	Umweltorientierter Schulungsplan Nachweis umweltorientierter Schulungen			
• Funktionsfähigkeit von Maschinen, Anlagen, Transportmitteln und prüfpflichtigen Arbeitsmitteln	Wartungspläne Maschinen Wartungsplan-Prüfübersicht			
• Aktualität der UMS-Dokumentation	Dokumentenmatrix			
• Interne/Externe Kommunikation	Kommunikationsmatrix			
• Prozesse	Lenkung der Dokumente			

Abb. 9.1 Formblatt Aufbau eines Überwachungskalenders

Beeinflussbarkeit ihrer Prozesse muss die Organisation ein Auditprogramm festlegen, das für die internen Audits regelt:

- Häufigkeit,
- Methoden,
- Verantwortlichkeiten sowie Auditoren (objektiv, unparteilich)
- Anforderungen an die Planung sowie Berichterstattung
- Umfang des Audits und Auditkriterien

Die Ergebnisse des Audits müssen gegenüber der Obersten Leitung berichtet werden. Dokumentierte Informationen müssen über die Umsetzung des Auditprogramm und der Ergebnisse der Audits vorliegen.

Was soll damit erreicht werden?
In allen Managementsystemen sind interne Audits ein Selbstbewertungsinstrument, um die Angemessenheit und Funktionsfähigkeit ihres Systems zu prüfen. Über die oben genannten Festlegungen soll erreicht werden, dass der Auditprozess kontinuierlich und konsistent abläuft. Die Auditfeststellungen sind ein wesentlicher Input für den kontinuierlichen Verbesserungsprozess.

Hilfestellungen für die Umsetzung in der Praxis
Für die Planung und Durchführung von Audits gibt es eine eigenständige Norm, die ISO 19011:2011. Sie hat als Leitfaden empfehlenden Charakter. Zusammengefasst daraus ergeben sich für Organisationen folgende Anforderungen für die interne Auditierung:

1. Erstellung eines Auditprogramms

Das Auditprogramm legt i. d. R. über einen Zeitraum von drei Jahren fest, in welchen Unternehmensbereichen wann und durch wen welche internen Audits durchgeführt werden (vgl. Abb. 9.2). Sie können nach Prozess- und Systemaudits unterschieden werden. Prozessaudits überprüfen die Umsetzung der Umweltanforderungen in einzelnen Prozessen, wie z. B. der Entwicklung, Beschaffung oder Herstellung. Systemaudits überprüfen die Umsetzung der Managementanforderungen auf den verschiedenen Ebenen bzw. Bereichen der Organisation. Prozess- und Systemaudits können natürlich in einem Audit kombiniert werden.

Es hat sich etabliert, dass interne Audits einmal pro Jahr durchgeführt werden. Nicht alle Normanforderungen müssen in allen Bereichen jährlich abgeprüft werden. Hier können Schwerpunkte gebildet werden, es sollte aber gewährleistet sein, dass in einem Dreijahreszyklus alle Normanforderungen mindestens einmal

Bereich	2017 Internes Audit Sys-A* Datum	2017 Internes Audit Pro-A* Datum	2017 Externes Audit Zertifi.-Audit Datum	2018 Internes Audit Sys-A* Datum	2018 Internes Audit Pro-A* Datum	2018 Externes Audit Überw.-Audit Datum	2019 Internes Audit Sys-A* Datum	2019 Internes Audit Pro-A* Datum	2019 Externes Audit Überw.-Audit Datum	2020 Internes Audit Sys-A* Datum	2020 Internes Audit Pro-A* Datum	2020 Externes Audit Rezert.-Audit Datum	Nachweis Internes Audit erledigt (Termin, Auditor)	Nachweis Externes Audit erledigt (Termin, Auditor)
Oberste Leitung	x			x						x				
UMB	x			x						x				
Beschaffung	x	x		x				x		x	x			
Produktion Halle 1	x	x	x		x	x	x			x	x	x		
Produktion Halle 2	x	x			x		x			x	x			
Versand/Lager	x	x		x				x		x	x			
Verwaltung	x	x		x				x		x	x			

*
Sys-A = Systemaudit
Pro-A = Prozessaudit

Abb. 9.2 Formblatt Auditprogramm

auditiert wurden. Manchmal ist es auch möglich, die thematischen Schwerpunkte des internen Audits entsprechend der geplanten Schwerpunkte des darauf folgenden externen (Überwachungs- oder Rezertifizierungs-)-Audits festzulegen.

2. Festlegung eines Auditplans

Für jedes interne Audit ist ein Auditplan zu erstellen (vgl. Abb. 9.3). Er stellt gemäß den fachlichen Schwerpunkten aus dem Auditprogramm den zeitlichen Ablauf eines konkreten Audits mit den zu auditierenden Themenfeldern und Auditoren dar. Der Ablauf eines Audits ist gemäß der ISO 19011:2011 standardisiert und besteht in:

- Eröffnungsgespräch,
- Auditierung nach Normanforderungen (z. B. durch Interviews, Begehungen, Beobachtungen, Messungen), und dem
- Abschlussgespräch.

Auditierter Bereich	XYZ GmbH		Datum:	
Regelwerk	DIN EN ISO 14001:2015			
Auditor				
Auditziel	Beurteilung des Umweltmanagementsystems mit den Anforderungen der DIN EN ISO 14001:2015 (internes Systemaudit)			

Zeit	Thema	Bereich	Beteiligte	Elemente ISO 14001
8.30 – 8.45	Einführungsgespräch	Alle		-
08.45-09.15	Verantwortung der Obersten Leitung (Umweltpolitik, -ziele und -programm, KVP, Managementbewertung Rechtskonformität, Notfallmanagement, Gefahrstoffe, Anforderungen der ISO 14001:2015)	Geschäftsführung, UMB		5.1-5.3 6.1.3, 6.2 8
09.15 – 10.15	Direkte und indirekte Umweltaspekte, Motivation und Einbeziehung der Mitarbeiter Umweltziele und -programm	UMB		6.1.2 7.2, 7.3 6.2
10.15-11.15	Rechtskonformität, Bewertung der Einhaltung von Rechtsvorschriften und anderen Anforderungen, Schulungen, Kommunikation	UMB, Meister		6.1.3 7.2, 7.3
11.15 – 12.00	Notfallmanagement, Gefahrstoffmanagement, Wartung und IH , Verantwortlichkeiten, Pflichtenübertragung, Beauftragte,	UMB, SiB		8.2 5.3
...	...			

Abb. 9.3 Formblatt Auditplan

3. Entwicklung von Auditchecklisten

Da ein Audit ein dokumentiertes Verfahren darstellt, sind für die Auditierung der Normanforderungen Checklisten zu erstellen, die enthalten:

- Auditkriterien (Soll-Anforderung: was will ich überprüfen?),
- Auditnachweise (Ist-Stand: was habe ich geprüft?),
- Auditfeststellungen (was ergibt der Soll-Ist-Vergleich).

Auf dieser Basis können Auditschlussfolgerungen (Konformität, Nebenabweichung, Hauptabweichung) gezogen und z. B. mittels Ampelschema visualisiert werden (vgl. Abb. 9.4).

4. Erstellung eines Auditberichts

Die Ergebnisse des Audits werden in einem Auditbericht zusammengefasst. Er enthält alle organisatorischen und fachlichen Informationen zum durchgeführten Audit. Er sollte kurz und knapp abgefasst werden, am besten auf Basis der Auditcheckliste, damit er einen schnellen Überblick über die Ergebnisse und daraus resultierenden Auditfolgemaßnahmen ermöglicht.

9.3   Die Managementbewertung durchführen

Anforderungen der Norm

Auch die oberste Leitung muss das UMS regelmäßig bewerten, um dessen Umsetzungsstand zu bewerten und Festlegungen zu treffen, wie das UMS weiterzuentwickeln ist. Um diese Einschätzungen treffen zu können, muss sich die Managementbewertung mit festgelegten Themen befassen. Zu diesen sog. „Inputs" gehören:

- Status von Maßnahmen vorheriger Managementbewertungen
- Veränderungen (externe/interne Themen, bindende Verpflichtungen, bedeutende UA, Risiken und Chancen)
- erreichter Erfüllungsgrad der Ziele

Auditkriterien	Auditnachweise	Auditfeststellung		Auditschlußfolgerung		
Anforderungen ISO 14001:2015		verbal	Status K=Konformität NA=Nebenabweichung HA=Hauptabweichung VP=Verbesserungspotential GP=Good Practice	Maßnahmen	Termin	Verantwortlich
4 Kontext der Organisation						
4.2 Verstehen der Erfordernisse und Erwartungen interessierter Parteien						
• Wurden durch die Organisation die interessierten Parteien bestimmt, die für ihr QMS relevant sind?						
• Wurden durch die Organisation die Anforderungen dieser interessierten Parteien bestimmt, die für ihr QMS relevant sind?						
• Überwacht und überprüft die Organisation die Informationen über diese interessierten Parteien und deren relevante Anforderungen?						

Abb. 9.4 Formblatt Auditcheckliste. (Am Beispiel Normanforderung Abschn. 4.1)

- Umweltleistung der Organisation, einschließlich Entwicklungen bei Nichtkonformitäten und Korrekturmaßnahmen, Ergebnissen von Überwachungen und Messungen, Erfüllung bindender Verpflichtungen, Auditergebnissen
- Angemessenheit von Ressourcen
- Äußerung(en) externer interessierter Parteien
- Möglichkeiten zur fortlaufenden Verbesserung

Im Ergebnis muss die oberste Leitung Schlussfolgerungen zur Funktionsfähigkeit des UMS und Entscheidungen treffen über dessen weitere strategische und operative Ausrichtung.

Managementbewertungen müssen über dokumentierte Informationen nachgewiesen werden.

Was soll damit erreicht werden?

Auch die Managementbewertung ist ein inhärentes Instrument aller Managementsysteme. Durch sie kommt die Oberste Leitung ihren Aufgaben in Führung und Verpflichtung nach. Die dort getroffenen Entscheidungen sind ein wesentlicher Impuls für die Ausrichtung und kontinuierliche Verbesserung des UMS.

Hilfestellungen für die Umsetzung in der Praxis

Die Managementbewertung wird durch den Umweltmanagementbeauftragten oder das Umweltteam vorbereitet und in vielen Organisationen einmal jährlich nach dem internen Audit und vor dem externen Überwachungs- bzw. Rezertifizierungsaudit durchgeführt. Dies hat den Effekt, dass die Oberste Leitung nur punktuell in den Bewertungsprozess einbezogen wird. Auch im Sinne der Anforderungen an Führung und Verpflichtung aus Kap. 5 der ISO 14001:2015 kann es

Thema: „Äußerungen interessierter Kreise, einschließlich Beschwerden"	
Feststellungen (UMB):	Wiederkehrende Beschwerden der Nachbarschaft wegen Lärmstörungen in der Nacht
Stellungnahme der GF:	Rechtlich vorgeschriebene Lärmgrenzwerte werden eingehalten und sind durch Messungen bestätigt
Zu ergreifende Maßnahme:	Verabschiedung einer betrieblichen Vereinbarung, die Fenster und Türen in der Nachtschicht ab 22.00 Uhr bis 6.00 Uhr geschlossen zu halten. Kommunikation an die Nachbarschaft
Termin:	15.10.2017
Verantwortlich:	UMB
Überprüfung der Wirksamkeit:	
Termin:	30.102017
Verantwortlich:	GF

Abb. 9.5 Formblatt Dokumentation Managementreview am Beispiel „Äußerungen interessierter Kreise"

zweckmäßiger, die Managementbewertung regelmäßiger durchzuführen und mit Treffen zu verbinden, die z. B. monatlich auf der Führungsebene sowieso stattfinden (z. B. Bereichsleiterbesprechungen). Dieses Vorgehen hat den Vorteil, dass die in der Norm geforderten „Inputs" nicht alle auf einmal, sondern über das Jahr verteilt nach thematisch festgelegten Schwerpunkten besprochen werden können. Unabhängig davon, wann und wie oft die Bewertung durchgeführt wird, ist diese zu dokumentieren (vgl. Abb. 9.5).

Kontinuierliche Verbesserung gewährleisten

Das Kap. 10 ist gemäß HLS ein neues Kapitel und hebt die Bedeutung der fortlaufenden Verbesserung im Rahmen von Managementsystemen hervor. Es umfasst:

- Allgemeines (Abschn. 10.1)
- Nichtkonformität und Korrekturmaßnahmen (Abschn. 10.2)
- Fortlaufende Verbesserung (Abschn. 10.3).

Aufgrund der inhaltlichen Zweckmäßigkeit werden die drei Kapitel im Zusammenhang besprochen.

Anforderungen der Norm
Die fortlaufende Verbesserung des UMS wird als ein wichtiges Ziel in der Norm definiert (Abschn. 10.1), um eine kontinuierliche Verbesserung der Umweltleistung zu erreichen (Abschn. 10.3).
   Ein wichtiges Hilfsmittel dabei ist der Umgang mit Nichtkonformitäten. Treten diese auf muss die Organisation (Abschn. 10.2):

- angemessene Überwachungs- und Korrekturmaßnahmen ergreifen
- Ursachen der Nichtkonformität abstellen
- die Wirksamkeit der Korrekturmaßnahmen überprüfen
- ggf. Änderungen im UMS vornehmen

Über die Art der Nichtkonformität, die daraufhin getroffenen Korrekturmaßnahmen und die Ergebnisse jeder Korrekturmaßnahme sind dokumentierte Informationen zu führen.

© Springer Fachmedien Wiesbaden 2018
J. Brauweiler et al., *Umweltmanagementsysteme nach ISO 14001*,
essentials, https://doi.org/10.1007/978-3-658-20275-0_10

Was soll damit erreicht werden?

Indem der fortlaufenden Verbesserung ein eigenes Kapitel gewidmet wird, soll der Fokus neben allen anderen Anforderungen an ein UMS auf dessen Hauptziel, nämlich der Verbesserung der Umweltleistung und der Verringerung der Umweltauswirkungen gelegt werden. Die Organisation kann dabei den Grad, die Schwerpunkte und den Zeitraum der Verbesserung selber bestimmen. Neben dem Abbau von Nichtkonformitäten sollen die Organisationen auch dazu angeregt werden darüber nachzudenken, eine umfassende KVP-Kultur zu entwickeln.

Hilfestellungen für die Umsetzung in der Praxis

▶ **Definition** Unter Nichtkonformität ist die Nichterfüllung einer Anforderung der Norm oder des UMS (ISO 14001, Begriffe, 3.4.4) zu verstehen.

Bei der Umsetzung eines UMS können in verschiedener Weise Nichtkonformitäten festgestellt werden, z. B. durch:

- Ergebnisse der Überwachung/Messung/Analyse/Bewertung
- Ergebnisse der Überprüfung der bindenden Verpflichtungen
- Ergebnisse Interner/externer Audits
- Ergebnisse der Managementbewertung,
- Regelmäßige Betriebsrundgänge
- Abweichungsmeldungen durch Mitarbeiter aus der betrieblichen Praxis heraus
- ein strukturiertes betriebliches Vorschlagswesen
- Äußerungen interessierter Kreise
- Notfallsituationen.

▶ **Definition** Eine Korrekturmaßnahme dient zur Beseitigung der Ursache einer Nichtkonformität und zum Verhindern des erneuten Auftretens (ISO 14001, Begriffe 3.4.3).

Korrekturmaßnahmen können ganz spontan umgesetzt werden (z. B. bei akutem Handlungsbedarf) oder formal eingeleitet werden (z. B. Auditfolgemaßnahmen). Wichtig ist, festgestellte Nichtkonformitäten und durchgeführte Korrekturmaßnahmen zu dokumentieren. Dies kann über schon geführte Dokumente erfolgen (z. B. Auditbericht, Kataster der bindenden Verpflichtungen) oder sofern sie auf anderen Weise erkannt werden, über ein spezielles Formblatt (vgl. Abb. 10.1)

Festgestellte Nichtkonformität		Korrekturmaßnahme	T	V	Zu ändernde dokumentierte Informationen			Unterweisung		
					Titel/Nr.	Revision	Freigabedatum			
Nr.	Bezeichnung							Name	Unterschrift	Datum
1	Keine Benutzung von Gehörschutz im ausgewiesenen Lärmbereich	Erneute Unterweisung der betroffenen Mitarbeiter	sofort (1.10.17)	AMB	-	-	-			

Abb. 10.1 Formblatt Dokumentation Nichtkonformitäten und Korrekturmaßnahmen

Die Umsetzung der Anforderungen der ISO 14001:2015 stellen eine gute Basis für eine fortlaufenden Verbesserung des Systems und der Umweltleistung dar. Aber: je länger eine Organisation über ein UMS verfügt, umso schwieriger wird es, spürbare Ergebnisse für eine fortlaufende Verbesserung zu erreichen, da das Einsparpotenzial mit zunehmendem Umweltstandard abnimmt. Der Verbesserungsprozess muss nicht alle Bereiche einer Organisation auf einmal umfassen, sondern hier kann die Organisation – auch unter Berücksichtigung ihrer personellen, finanziellen und technischen Kapazitäten – im zeitlichen Verlauf Schwerpunkte setzen. Bereiche in denen Potenziale für einen fortlaufenden Verbesserungsprozess liegen und die immer wieder betrachtet werden sollten sind z. B. (vgl. ISO 14004:2016, Kasten 20, S. 105):

- Bewertung neuer Materialien und Technologien,
- Weiterentwicklung der Kompetenz der handelnden Personen,
- Prüfung der Umstellung auf Wiederverwertungs-, Aufbereitungsprozesse,
- Neugestaltung von Lieferwegen,
- Substitution der verwendeten Energieträger,
- Aufbau von umweltorientierten Kooperationen mit den interessierten Parteien,
- Überführung des UMS in ein integriertes und Nachhaltigkeitsmanagementsystem.

Um den Stellenwert der fortlaufenden Verbesserung in der Organisation weiter zu entwickeln, ist neben der Fokussierung auf o. g. Maßnahmenbereiche auch der Aufbau einer KVP-Kultur zweckmäßig, die z. B. beinhaltet:

- eine formale politische Willenserklärung der Obersten Leitung
- die Festlegung von KVP-Verantwortlichkeiten
- die Schaffung von Ansätzen/Instrumenten zur Generierung von Verbesserungsvorschlägen durch Mitarbeiter in ihrem Arbeitsbereich
- eine zeitnahe und ernsthafte Umsetzung der Verbesserungsvorschläge
- regelmäßige Informationen über umgesetzte Vorschläge und deren Ergebnisse (Aushänge, Rundschreiben, KVP-Info-Briefe, KVP-Info-Tafel)
- die Unterstützung eines regelmäßigen Erfahrungsaustausches von KVP-Verantwortlichen (KVP-Stammtisch, KVP-Erfahrungstreffen) innerhalb der Organisation und überbetrieblich.

Ausblick

Hat die Organisation ein UMS entsprechend den Anforderungen der ISO 14001 eingeführt, kann es sich dieses durch eine akkreditierte Zertifizierungsorganisation zertifizieren lassen. Das Zertifikat hat eine Gültigkeit von 3 Jahren und beinhaltet die Pflicht zur Durchführung jährlicher Überwachungsaudits bzw. einer Re-Zertifizierung nach Ablauf der 3 Jahre durch die Zertifizierungsorganisation. Zur Vertiefung dieses Themas empfehlen wir das *essential* „Auditierung und Zertifizierung von Managementsystemen: Grundwissen für Praktiker" (2015).

© Springer Fachmedien Wiesbaden 2018
J. Brauweiler et al., *Umweltmanagementsysteme nach ISO 14001*,
essentials, https://doi.org/10.1007/978-3-658-20275-0_11

Was Sie aus diesem *essential* mitnehmen können

- Ein solides Verständnis über Wesen, Struktur und Anforderungen der HLS.
- Fundiertes Wissen zur Interpretation jeder einzelnen Normanforderungen der ISO 14001:2015
- Anwendungsbereites Wissen, um die Anforderungen der ISO 14001:2015 in der betrieblichen Praxis umzusetzen.

© Springer Fachmedien Wiesbaden 2018
J. Brauweiler et al., *Umweltmanagementsysteme nach ISO 14001*, essentials, https://doi.org/10.1007/978-3-658-20275-0

Zum Weiterlesen

Zur Umsetzung der ISO 14001

Brauweiler J, Will M, Zenker-Hoffmann A (2015) Auditierung und Zertifizierung von Managementsystemen, Grundwissen für Praktiker. Springer Gabler, Wiesbaden

Brauweiler J, Zenker-Hoffmann A, Will M (2015) Umweltmanagementsysteme nach ISO 14001, Grundwissen für Praktiker. Springer Gabler, Wiesbaden

DIN EN ISO 14001:2009 Umweltmanagementsysteme – Anforderungen mit Anleitung zur Anwendung (ISO 14001:2009)

DNV GL: ISO 14001:2015 Umweltmanagementsysteme – Anforderungen, Leitfaden, Version 12.08.2015

DIN EN ISO 14004:2010 (2010) Umweltmanagementsysteme – Allgemeiner Leitfaden über Grundsätze, systeme und unterstützende Methoden (ISO 14004:2010)

DIN EN ISO 14031:2013: Umweltmanagement – Umweltleistungsbewertung (ISO 14031:2013)

DIN EN ISO 14044:2006: Umweltmanagement – Ökobilanz, Anforderungen und Anleitung (ISO 14044:2006)

DIN EN ISO 14063:2006: Umweltmanagement – Umweltkommunikation, Anleitung und Beispiele (ISO 14063:2006)

DIN EN ISO 19011:2011: Leitfaden zur Auditierung von Managementsystemen (ISO 19011:2011)

Wührl K, Schwager B (2016) DIN ISO 14001:2015, Vergleich mit DIN EN ISO 14001:2009, Änderungen und Auswirkungen, DIN e. V. (Hrsg) Beuth Verlag

© Springer Fachmedien Wiesbaden 2018
J. Brauweiler et al., *Umweltmanagementsysteme nach ISO 14001*,
essentials, https://doi.org/10.1007/978-3-658-20275-0

Für die Lebenszyklusanalyse

Bienge K, von Geibler J, Lettenmeier M (2010) Sustainability hot spot analysis: a streamlined life cycle assessment towards sustainable food chains. European IFSA Symposium, 4–7 July 2009, Vienna (Austria)

Fleischer G, Schmidt W-P (1997) Iterative screening LCA in an Eco-Design tool. Int J LCA 2:20–24

Wallbaum H, Kummer N (2006) Entwicklung einer Hot Spot-Analyse zur Identifizierung der Ressourcenintensitäten in Produktketten und ihre exemplarische Anwendung. Wuppertal Institut für Klima, Umwelt und Energie GmbH im Rahmen des BMBF Projektes „Steigerung der Ressourcenproduktivität als Kernstrategie einer nachhaltigen Entwicklung"